中华优秀传统家训融入大学生

日常思想政治教育研究

宋祥勇　温晶　著

中国出版集团　现代出版社

图书在版编目（CIP）数据

中华优秀传统家训融入大学生日常思想政治教育研究 /
宋祥勇，温晶著. -- 北京：现代出版社，2024. 8.

ISBN 978-7-5231-1065-2

Ⅰ. G641

中国国家版本馆 CIP 数据核字第 2024S5F834 号

著　　者　宋祥勇　温　晶
责 任 编 辑　杨学庆

出 版 发 行　现代出版社
地　　　址　北京市安定门外安华里 504 号
邮 政 编 码　100011
电　　　话　010-64267325
传　　　真　010-64245264
网　　　址　www.1980xd.com
印　　　刷　三河市祥宏印务有限公司
开　　　本　880mm ×1230mm　1/16
印　　　张　13
字　　　数　200 千字
版　　　次　2024 年 8 月第 1 版　2024 年 8 月第 1 次印刷
书　　　号　ISBN 978-7-5231-1065-2
定　　　价　65.00 元

本书系2021年度青岛市社会科学规划研究项目"中华优秀传统家训融入大学生日常思想政治教育研究"（项目批准号：QDSKL2101318）的研究成果

前　　言

2017 年 1 月，中共中央办公厅、国务院办公厅印发的《关于实施中华优秀传统文化传承发展工程的意见》指出："在 5000 多年文明发展中孕育的中华优秀传统文化，积淀着中华民族最深沉的精神追求，代表着中华民族独特的精神标识，是中华民族生生不息、发展壮大的丰厚滋养，是中国特色社会主义植根的文化沃土，是当代中国发展的突出优势，对延续和发展中华文明、促进人类文明进步，发挥着重要作用。"

家训作为中华优秀传统文化的重要组成部分，是一种具有中国特色的教育形式。自古以来中国的所有家庭都有家训传承，只不过因为特定家庭成员的政治地位、经济实力、文化水平的差异，传统家训的表现形式、流传方式、影响大小也各不相同。但不可否认的是，由于家训大多是家人毕生摸爬滚打的亲身经历和正反两方面经验教训的深刻总结和高度凝练，是他们思想精华的真情流露，剔除受限于封建社会历史局限性的部分内容，许多传统家训所蕴含的理念、情怀、方法和规范时至今日仍具有可资借鉴的巨大价值。

就读硕士研究生期间，因为机缘巧合，我将传统家族作为学术研究的主攻方向，对中国传统家族的文化、教育、发展、转型做了一系列初步的研究。走上辅导员的工作岗位以后，我更多地从大学生思想政治教育的角度来思考传统家族的发展创新和传统家训的传承赋能。

辅导员是开展大学生思想政治教育的骨干力量，是高等学校学生日常思想政治教育和管理工作的组织者、实施者、指导者。将中华优秀传统家训融入大学生日常思想政治教育，是辅导员工作的内在要求，也是传统文化"创造性转化、创新性发展"的应有之义。于是，在对传统家族文化教育初步研究的基础上，在提高工作感染力和实效性的目标引领下，我尝试着开始了中华优秀传统家训融入大学生日常思想政治教育的研究。

本文本着"承以春风，化之为雨"的理念，首先将传统家训的基本内涵、发展历史、内容体系、方式方法、主要特征与深远影响进行梳理和概述，进而分析中华优秀传统家训融入大学生日常思想政治教育的时代价值，探讨融入工作的现实境况，阐述融入工作的基本原则，在此基础上，从传承经典、贴近实际、培育特色、增进交流、打造品牌等五个方面，探寻中华优秀传统家训融入大学生日常思想政治教育的实践理路。

做好大学生日常思想政治教育工作，要牢记为党育人、为国育才的初心使命，要"因事而化、因时而进、因势而新"。希望本书能够抛砖引玉，为此项工作的开展尽自己的绵薄之力。

作　者

2024年3月

目　录

第一章 绪言

第一节 研究背景

2017 年 2 月，中共中央、国务院印发的《关于加强和改进新形势下高校思想政治工作的意见》指出："要弘扬中华优秀传统文化和革命文化、社会主义先进文化，实施中华文化传承工程，推动中华优秀传统文化融入教育教学。"[1]这给我们指明了加强和改进新形势下高校思想政治工作的一个重要方向。正如明代王锡爵家族的《王氏家训·跋》所言："一时之语，可以守之百世；一家之语，可以共之天下。"家训，虽然出于维护家族的兴盛，但其中的真知灼见同样适用于社会，而且具有长久不衰的生命力和价值。家训是中国古代家庭教育的重要形式，也为社会教育的完善和发展发挥了重要的借鉴和补充作用，是中华优秀传统文化的重要组成部分。将中华优秀传统家训融入大学生日常思想政治教育，是加强和改进大学生思想政治教育的有益探索，是传承和发展中华优秀传统家训的应有之义，也是新时代推进文化育人工作的重要实践。

一、大学生日常思想政治教育工作持续改进，但也存在薄弱环节

（一）大学生日常思想政治教育是思政教育的主阵地

大学生日常思想政治教育以学生党支部、团总支、各类社团、各个班级为载体，包括假期或课余时间的社会实践、校园的文化建设、涉

---

[1] 中共中央、国务院.关于加强和改进新形势下高校思想政治工作的意见[N].人民日报，2017-2-28（1）.

及新兴媒体的网络思想政治教育、心理健康教育、资助育人、创新创业教育等方方面面，是对大学生进行日常教育、服务与管理的最基本的途径，是大学生思想政治教育的主阵地。日常思想政治教育一般通过各类具体、实际、直观的实践活动开展，潜移默化、润物无声，易于被大学生接受，利于滋养和帮助大学生成长和进步。

（二）大学生日常思想政治教育工作持续改进

各高校以习近平新时代中国特色社会主义思想为指导，全面贯彻落实2016年全国高校思想政治工作会议、2018年全国教育大会各项任务部署，紧紧抓住立德树人根本任务，加强和改进党对高校的领导，突出思想引领，夯实党建基础，强化思政实效，为党的建设和思想政治工作注入了"源头活水"。各高校引导广大师生坚持用党的创新理论成果武装头脑，不断增强政治认同、思想认同、理论认同、情感认同，积极构建一体化育人新模式，努力实现全员育人、全程育人、全方位育人。各类思想文化阵地建设和管理不断加强，社会主义核心价值观建设持续推进，高校意识形态领域主流积极健康向上。广大师生对以习近平同志为核心的党中央拥护信任，听党话跟党走的自觉性坚定性不断增强，对中国特色社会主义和中华民族伟大复兴中国梦充满信心。各高校积极主动开展工作，创造了许多成功做法，积累了许多宝贵经验。

（三）大学生日常思想政治教育工作的薄弱环节

当前，世界处于百年未有之大变局。国际国内形势的深刻变化，给大学生的日常思想政治教育带来有利条件的同时，也面临诸多严峻挑战。一些大学生受西方文化潮流和价值观的冲击，不同程度地存在不知道政治信仰是什么，不清楚理想信念是什么，不明白什么是最有价值的，缺少诚信意识，缺少社会责任感，难以艰苦奋斗，缺少团结协作意识，心理素质不过硬等问题。

面对新形势和新问题，一些高校重视程度不够，方法不多。有的将日常思想政治教育等同为日常事务管理，工作定位模糊、站位不够，工作目的和工作内容边界不清；有的工作方法和途径缺乏科学指导，实践操作仅凭经验，浮于表面、流于形式。同时，随着日常思想政治教育的扩大化和精细化，参与日常思想政治教育的人员范围也越来越广，除辅导员之外，既涉及党团组织等管理人员，又涉及大学生生活区域的服务人员，还涉及任课教师，涵盖服务、教育和管理三个体系。不少高校的工作队伍在数量上得到了扩充，但职业化和专业化水平还有待进一步提升。

二、中华优秀传统家训是我们的宝贵精神财富，但发掘研究还不够

（一）中华优秀传统家训是我们的宝贵精神财富

"中华民族历来重视家庭。正所谓'天下之本在家'。尊老爱幼、妻贤夫安，母慈子孝、兄友弟恭，耕读传家、勤俭持家，知书达礼、遵纪守法，家和万事兴等中华民族传统家庭美德，铭记在中国人的心灵中，融入中国人的血脉中，是支撑中华民族生生不息、薪火相传的重要精神力量,是家庭文明建设的宝贵精神财富。"[1]习近平总书记深谙中华优秀传统文化深厚的内涵和底蕴，也高度重视中华优秀传统文化的创新与发展。党的十八大以来，习近平总书记围绕家庭、家教、家风建设做出了一系列重要指示，对于我们把个人梦与家庭梦融入国家梦与民族梦，万众一心，同舟共济，为实现中华民族伟大复兴的中国梦而奋斗，具有非常重要的现实意义。2021年3月，中

---

[1] 习近平.论党的宣传思想工作——在会见第一届全国文明家庭代表时的讲话.中央文献出版社,2020:280.

央文献出版社出版了《习近平关于注重家庭家教家风建设论述摘编》，供广大干部群众学习、理解和掌握。

这段时间，国家陆续出台了一系列重要文件，对传统文化的传承发展做出了总体要求，如2014年3月，教育部印发《完善中华优秀传统文化教育指导纲要》；2017年1月，中共中央办公厅、国务院办公厅印发《关于实施中华优秀传统文化传承发展工程的意见》；2021年7月，中央宣传部等七部门联合印发《关于进一步加强家庭家教家风建设的实施意见》。2017年10月，党的十九大报告提出，"推动中华优秀传统文化创造性转化、创新性发展"。2021年11月，《中共中央关于党的百年奋斗重大成就和历史经验的决议》提出："中华优秀传统文化是中华民族的突出优势，是我们在世界文化激荡中站稳脚跟的根基，必须结合新的时代条件传承和弘扬好。"2022年10月，党的二十大报告指出："传承中华优秀传统文化，满足人民日益增长的精神文化需求，巩固全党全国各族人民团结奋斗的共同思想基础，不断提升国家文化软实力和中华文化影响力。"

家训是中华优秀传统文化的重要组成部分。早在远古时期，五帝"禅让"与家学世传就孕育了传统家训的萌芽。周公规定了基本定式，开传统家训之先河。西汉以后，儒学成为传统家训的主导思想。两晋南北朝时期，传统家训趋于成熟。隋唐以后，读书科考成为重要内容。宋元时期，传统家训走向繁荣，明清臻于鼎盛。清代中后期以来，传统家训整体衰落，但也有出新和转型。传统家训形式多样，除了散见于各种文献著作中涉及家训与家庭教育的有关论述外，专门的家教著作大致可以分为诫子书和遗训、家训著作、宗规族诫、蒙学著作与读物、家训丛书与类书等。传统家训的内容以"修身、治家、立业"为核心，涉及为人处世的方方面面。中华优秀传统家训在历史上的影响是深远而全面的，它为国家和社会培养了层出不穷的各行各业杰出人才，推动了宗族的绵延稳定与发展，传承了以儒学为核心的传统文化，维护了封建社会的统治秩序。

中华优秀传统家训具有恒久的时代价值。第一，它蕴含的家国一体的情怀在家国同构现实基础上产生，不但是历代仁人志士实现人生崇高理想的路径，也成为传统王朝社会治理的基本模式。几千年来中国传统思想政治文化不断传承发展，家国一体的情怀不断弘扬与光大。家国情怀早已流淌进中华儿女的血脉，成为中华文明的一道亮丽风景线。第二，孝悌忠信、勤俭谦虚、见贤思齐、敬业乐群、扶危济困等，为历代家训所重视的为人处世的基本规范，至今仍是我们的重要遵循。第三，传统家训在教育子女及早自立的同时，也希望子女能自强不息而有所成就。这种自立自强的操守是我们所有人都应该秉持和传承的。第四，传统家训中涉及很多教育子女的有益做法，如早教、环境育人、言传身教、严慈相济、因材施教等，至今仍是我们进行家庭教育和学校教育的重要鉴戒。

（二）对中华优秀传统家训的发掘、研究与应用还不够

传统家训由于年代非常久远、形式比较分散、内容十分庞杂，加之很多家训的传播范围只限于本家本族，因此传承起来存在较大的难度。第一，文化精髓的阐发不够。传统家训的历史渊源、发展脉络、教育启示、社会意义等需要深入研究阐释，传统家训中存在的落后、腐朽、迷信等历史和阶级局限需要仔细甄别与严加区分，中国底蕴、中国特色的传统家训的思想体系、学术体系需要持续构建。第二，文献整理与保护不够。传统家训的文献资料需要继续发掘整理，历史遗迹、文物需要继续加强保护、管理和利用。第三，融入教育教学不够。应围绕立德树人根本任务，遵循学生认知规律和教育教学规

律，把中华优秀传统家训有效融入教育、教学、实践等各个环节，编写传统家训读物，开设传统家训公开课，抓好传统家训教育成果展示和交流活动。

三、文化育人工作扎实推进，但仍大有可为

（一）文化育人工作扎实推进

2016 年 12 月，习近平总书记在全国高校思想政治工作会议上强调："要更加注重以文化人、以文育人，广泛开展文明校园创建，开展形式多样、健康向上、格调高雅的校园文化活动，广泛开展各类社会实践。"[1] 党的十八大以来，国家陆续出台了一系列高校思想政治工作方面的文件，对高校思政工作和文化育人提出了针对性的指导意见。2017 年 2 月，中共中央、国务院印发的《关于加强和改进新形势下高校思想政治工作的意见》指出："实施中华文化传承工程，推动中华优秀传统文化融入教育教学。"2021 年 7 月，中共中央、国务院印发的《关于新时代加强和改进思想政治工作的意见》指出，"深入实施中华优秀传统文化传承发展工程"。各地高校围绕落实立德树人根本任务，推进以文化人、以文育人，丰富文化育人内涵，彰显文化育人特色，不断引导广大师生增强文化自信和文化自觉，取得了显著成效。

近年来，许多高校在传承传统文化、以文育人方面开展了大量富有成果的工作。杭州师范大学以学科建设为引领，以课程建设为核心，以学生社团为抓手，开展越剧文化艺术的抢救、发掘、整理、保护、传承和创新，面向校内开展越剧课程教学、教材开发、越剧社团建设、越剧文化研究、论著发表与出版、越剧工作坊建设等，同

---

[1] 习近平. 把思想政治工作贯穿教育教学全过程 开创我国高等教育事业发展新局面 [N]. 人民日报,2016-12-9（1）.

时面向大中小学、社区、企业、乡村等，把越剧的研究成果和优秀作品进行了广泛传播，构筑了中华优秀传统文化的多维育人载体。天津大学建筑学院、建筑历史与理论研究所，在教育教学中融汇中华传统建筑文化，在科学研究中坚守中华优秀传统文化，在测绘实践中涵养师生家国情怀，推动实施"贴合社会需求，突出专业特色，适应个性发展"的三位一体实践育人模式，增强了学生服务国家、服务人民的社会责任感以及勇于探索的创新精神和解决问题的实践能力。钦州坭兴陶作为一种传统民间工艺，至今已有1300多年历史，美名远播海内外，被誉为中国四大名陶之一。钦州学院以弘扬坭兴陶文化为抓手，以树匠心、育匠人、出精品为宗旨，大力弘扬工匠精神，孕育传承传统优秀文化的坭兴人，用传统文化无声地滋养陶冶学生情操，凝聚价值共识，不断推进社会主义核心价值观教育见实效。学校以平台积极搭建、经费多方筹措、政策积极引导、机制有力保障为条件，积极倡导追求卓越、严谨求实、积极创新、精益求精的工匠精神，成功打造了坭兴陶文化育人体系。

（二）文化育人工作大有可为

"中华优秀传统文化是中华民族的突出优势，是我们在世界文化激荡中站稳脚跟的根基，必须结合新的时代条件传承和弘扬好。"[1]中华优秀传统文化拥有独一无二的理念、智慧、气度和神韵，是中华民族生生不息、发展壮大的丰厚滋养。在当前阔步走向中华民族伟大复兴新时代的背景下，我们要坚定文化自信，坚持守正创新，遵循"创造性转化、创新性发展"的基本方针，将中华优秀传统家训有效融入教育教学，不断提升大学生思想政治教育的实效性和感染力。

---

[1]　中共中央关于党的百年奋斗重大成就和历史经验的决议 [N].人民日报，
　　　2021-11-17（1）.

第二节 研究综述

一、研究文献

截至 2024 年 3 月，根据中国知网的检索，国内以家训为篇名的研究文献的数量为 3065 篇。以家训与思想政治教育为并列篇名的文献数量为 65 篇，其中期刊来源类别为北大核心和 CSSCI 的有 4 篇，分别为夏江敬、汪勤发表于 2017 年《理论月刊》的《浅析优良家风家训中思想政治教育的意蕴》，杜柳发表于 2018 年《中学政治教学参考》的《家训融入思想政治教育的路径》，杨威、赵婵娟发表于 2020 年《思想政治教育研究》的《传统家训文化与高校思想政治教育融合探析》，杜小琴、谢守成发表于 2021 年《学校党建与思想教育》的《试析传统家训在高校思想政治教育中的运用》。以家训与思想政治教育为并列篇名的博士学位论文暂无，硕士学位论文有 8 篇，分别为 2019 年遵义医科大学邓桃的《传统家训中优秀德育思想对高校思想政治教育的价值研究》，2019 年河北师范大学石青青的《优秀家训文化对大学生思想政治教育的价值及其实现研究》，2019 年东北林业大学王力宁的《中国传统家训的思想政治教育借鉴研究》，2021 年江苏大学恽桃的《优良家训文化融入高校思想政治教育的现状及创新路径研究》，2021 年西安理工大学庞云晨的《优秀家风家训融入高校思想政治教育研究》，2022 年河北大学高泽华的《传统家训的思想政治教育价值研究》，2022 年宁夏大学马媛媛的《中华优秀传统家训文化融入大学生思想政治教育研究》，2022 年新疆师范大学吐马里斯·艾尼瓦的《家训家风在大学生思想政治教育中的运用研究》。下图为 2007 — 2023 年部分年份以家训与思想政治教育为并列篇名的文献数量线状图。

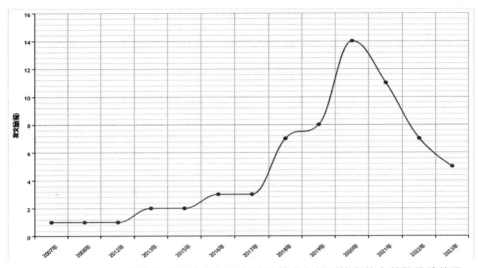

2007 — 2023 年部分年份以家训与思想政治教育为并列篇名的文献数量线状图

截至 2024 年 3 月，根据中国国家图书馆的检索，国内以家训为题名的图书的数量为 1778 本，图书数量居前三位的作者分别为颜之推（214 本）、曾国藩（43 本）、朱用纯（36 本），关键词居前三位的分别是家庭道德（369 本）、家庭教育（219 本）、《颜氏家训》（144 本）。朱明勋所著的《中国家训史论稿》（2008 年 4 月巴蜀书社出版），是在作者的博士毕业论文基础上略加修改而成，除原来的内容之外，又增加了"张英的家训思想"和"曾国藩的家训思想"两部分内容，具体包括关于家训的几个问题、家训的发轫期、家训的成熟期、家训的转型期、传统家训的历史反思与当代价值等。徐少锦、陈延斌所著《中国家训史》（2011 年 8 月人民出版社出版），精选了从先秦到清末 200 多位典型人物，系统梳理了他们传承后世的家训的时代背景、理论概况、主要内容、具体方式方法等，全面描绘了中国传统家训的历史轨迹和思想内容。楼含松主编的《中国历代家训集成》（2017 年 11 月浙江古籍出版社出版），秉承"从经典当中挖掘当代价值"的出版理念，收录历代编纂的以治家教子为主要内容的家训文献，并酌情收录具有家训性质、作用或影响的蒙学、女学、乡约与训俗文献，按照时代先后顺序，分为汉—唐编、宋元编、明代编、清代编共 12 册。所收家训著作，每种包括提要和正文两部分。提要部分主要包括书名、卷次、作者简介、著作评述和版本介绍等内容，正文部分根据底本录入原文，并予以分段、标点。提要末尾括注撰写者姓名，正文末尾括注点校者姓名和所据版本。陈延斌主编的《中国传统家训文献辑刊》（2018 年 6 月国家图书馆出版社出版）全 30 册，共收录中国历代传统家训文献 120 余种，收录的家训均配有简明提要，包括作者或纂辑者的简要生平、家训的成书历程、主要内容和价值等。石孝义编著的《中华历代家训集成》（2020 年 1 月河海大学出版社出版），以编年体形式排序，上至周，下至清代，横跨 2000 多年，是一部由中国古代名人所著的经典名篇家训的集成。全书收集的家训既有帝王将相，也有文人寒士；有严父训子，也有慈母教儿；有沙场名将，也有隐逸高士。全书体例每篇分为：篇目、作者简介、导读、正文、注释几部分。本书稿的收集整理、校正、译注费时达两年多，作者从大量的档案、古籍选本、当代译注及各种相关的范本范文中搜集整理而成，个别为馆藏孤本，此外更不惜耗费大量的时间从《古今图书集成》《丛书集成初编》等这些大部头的古籍丛书中收集挖掘整理一些稀有篇目，订正一些不同版本所造。

专门研究传统家训与思想政治教育的著作目前仅有朱冬梅的《新时代背景下传统家训文化融入高校思想政治教育研究》（2023 年 6 月人民出版社出版）。该书以新时代为研究背景，以传统家训文化和高校思想政治教育为研究对象，以思想政治教育与文化的内在关联为逻辑起点，在详细剖析传统家训文化的基础上，研究了家训文化融入高校思想政治教育的必要性、可行性和价值，分析了目前存在的问题及原因，梳理了传统家训文化融入高校思想政治教育的目标与原则，最后着力探讨了新时代传统家训文化融入高校思想政治教育的有效路径与对策，为新时代传统家训文化的弘扬及高校思想政治教育实效性的提升做出了有益的探索。

二、研究内容

近年来关于家训与思想政治教育关系的研究内容主要有以下五个方面。

（一）传统家训的理论架构

关于传统家训的内容，陈姝瑾、陈延斌认为，中国传统家训涉及的领域极其广泛，但核心始终是围绕睦亲治家、教子立身、处世之道展开的。具体而言，可以分为修身观、齐家观、教子观、励志观、勉学观、处世观、为政观等。修身观包括修德检迹，以身立范；贵名节，重家风；言行循礼，力戒恶习；宽厚谦恭，谨言慎行。齐家观包括遵守礼法的居家之道和勤俭和邻的治家之要。鉴于子孙担负着显父母、光门楣、延宗族的重任，因而历代家训都将端蒙重教、加强子弟修身做人教育作为"整齐门内"的基本原则加以强调。教子观包括，将培养品行端正的"好人"作为教育宗旨，将"蒙以养正"规定为教育的起始时间，将修身、齐家、勉学、处世、交友等作为教育的基本内容。励志观即教育子孙从小树立远大志向，认为这是将来成就事业、学问的基础。勉学是以自己的经验教训向子弟传授治学方法，从小就注意培养他们的良好学风。处世观包括平等待人，公道处世；严以责己，宽以待人；爱众亲仁，救难怜贫；近善远佞，信义为先。为政观的内容主要体现在君王帝后、官宦之家的家训中，特别是那些有作为的君主，以及以国家民族利益为重、体察百姓疾苦的名臣贤相，更是如此。为政观包括奉公勤政，报国恤民；清廉自守，勿贪勿奢。[1]王凌皓、姬天雨认为，立德、治学、齐家是中国古代家训的基本内容。立德就是强调家庭成员必须有远大的理想、坚强的意志、不屈的精神，形成高尚的品格，成为齐家、治国、平天下的"贤弟子"，这是根本。读书治学是中国古代教训的又一鲜明特色，读书治学是铸就齐家治国平天下本领的途径和根基，具体表现在一是劝学，强调学习的重要性，二是勤学惜时，指导子弟治学态度与方法。齐家是指对家庭（或家族）的有效管理以实现家庭（或家族）的团结和睦，富足兴旺。齐家的主旨有形成以孝悌为本、父慈子孝、兄友弟恭的和谐家庭关系，养成家庭成员勤劳、节俭的美德，强调早期教育，夯实儿童成长根基。[2]

关于传统家训的消极因素，陈姝瑾、陈延斌认为，由于受传统家训形成和传播的特定历史条件的制约，加之这些家训多出自封建官僚士大夫之手，因而不可避免地打上时代的烙印，存在一些消极因素和糟粕，如卑幼屈从尊长的"愚孝"伦理观念、男尊女卑、从一而终的封建观念、富贵在天的宿命论、因果报应的迷信说教、明哲保身的处世哲学、鄙视劳动与崇尚门第的思想等。[3]朱明勋认为，蕴含于我国传统家训中的需要我们批判的腐朽的、落后的思想或精神有：在家庭关系上，有严重的上下尊卑等级观念；在对待妇女问题上，有严重的性别歧视；在择业上，重仕农，而轻工商，甚至鄙弃音乐、美

[1] 陈姝瑾，陈延斌．中国传统家训教化理念、特色及其时代价值[J]．中州学刊，2021(2)．

[2] 王凌皓，姬天雨．中国传统家训文化的基本特质及现代价值探析[J]．社会科学战线，2022(1)．

[3] 陈姝瑾，陈延斌．中国传统家训教化理念、特色及其时代价值[J]．中州学刊，2021(2)．

术等杂艺；在认识事物上，宿命论、因果报应等迷信思想严重。[1]

关于传统家训的教化特色，陈姝瑾、陈延斌归纳为七个方面：感化与规约的统一、"型家"与"范世"的统一、晓喻与示范的统一、内容一元与教化方式多元的统一、训诲抽象与操作具体的统一、以身立范与以言勖勉的统一、教化宗旨一以贯之与阶段性要求循序渐进的统一。[2] 郭长华认为传统家训的教化特色有：慎之于始、扶正固本、养正于蒙，注重蒙养之教的基础性，以爱促教、以教节爱、爱教结合，凸显家庭教化的亲情实趣，以严正慈、以慈辅严、严慈相济，提高家庭教化的有效性，事中见理、以理范事、事理交融，追求家庭教化的平实性，榜样垂范、环境熏陶、潜移默化，强调品格模塑的濡染性，把握禀赋、区别长幼、因材施教，加强家庭教化的针对性。[3]

（二）传统家训融入思想政治教育的内在依据

夏江敬、汪勤指出，一是优良家训契合思想政治教育目标，包括个体目标、群体目标和社会目标。思想政治教育个体目标可以概括为塑造社会主义公民的理想人格，这不仅是现代思想政治教育所追求的目标，也是历代仁人志士所追求的真善美人格的浓缩，他们将追求真善美作为家训的核心内容训诫自己的子孙后代。思想政治教育的群体目标是由某种相同特征的个体所结成的社会群体的思想政治教育所要达到的目标，与修身齐家相关的为政问题是古代圣贤们教育子女的重要内容。思想政治教育的社会目标是建设社会主义政治文明，政治文明一直以来都是中国古代政治家们的追求。二是蕴含思想政治教育内容，包括人生观、政治观、道德观。三是蕴含

[1]　朱明勋.中国传统家训思想的两重性分析[J].前沿,2011(10).

[2]　陈姝瑾,陈延斌.中国传统家训教化理念、特色及其时代价值[J].中州学刊,2021(2).

[3]　郭长华.传统家训的教化特色初论.教育理论与实践[J],2010(12).

思想政治教育方法,包括说服引导、实践锻炼、自我教育、典型示范、潜移默化。[1]杨威、赵婵娟提出,传统家训与高校思想政治教育立德树人的教育目标相同、促进个体社会化的教育内容相通、关注生活世界的价值取向相合、知行合一的教育理念相融。传统家训在育人时因材施教,对受教者随时随地遇物而教、因时而教、因事而教,让子女在一定的情景中产生体验和共鸣。现代思想政治教育同样注重通过对个体成长环境的熏陶,使其逐渐养成良好的思维和习惯,从而塑造其品格。[2]杜小琴、谢守成提出,传统家训发挥着重要的思想政治教育功能,包括意识形态的政治传输功能、崇高思想道德品质的培养功能、和谐社会的构建功能。首先,从家训产生的历史根源来分析,其重要的功能之一是它的道德教化功能。要借鉴传统家训的思想政治教育方法,结合理想信念教育、爱国主义教育、道德法治教育和全面发展教育等内容,充分发挥其意识形态的政治传输功能,促进高校思想政治教育的发展。其次,传统家训作为古代家庭教育的重要典范,在人们崇高思想道德品质的锤炼方面发挥着重要作用。要汲取传统家训的思想政治教育养分,充分发挥其在新时代的崇高思想道德品质的培养功能,使传统家训保持时代活力。最后,家训作为儒家学说的发展和延续,其基本道德要义与儒家思想一脉相承。它既秉承培养人才的教育目的,又担当着思想教化的职责,教导家庭成员通过自身高尚的道德修养、渊博的学识来促进家族的繁荣昌盛、家人的和谐相处,用小家的和谐促进国家和社会的和谐,进

---

[1] 夏江敬,汪勤.浅析优良家风家训中思想政治教育的意蕴[J].理论月刊,2017(11).

[2] 杨威,赵婵娟.传统家训文化与高校思想政治教育融合探析[J].思想政治教育研究,2020(3).

而实现"大一统"的理想境界。[1]

（三）家训融入思想政治教育的必要性

恽桃认为，传统家训融入高校思想政治教育有利于提高高校学生思想道德水平、增强高校思想政治教育实效性与亲和力、弘扬社会主义核心价值观。[2]张志明认为，优秀传统家训文化融入高校思想政治教育有助于构建高校德育育人体系、丰富高校思政教学内容、优化思想政治教育教学方法。[3]杨威、赵婵娟认为，传统家训文化与高校思想政治教育相融合，第一，这是传统家训文化实现创造性转化和创新性发展的需要。中国家训文化借助于历代帝王将相、圣贤大哲、文化名人的家训、家范、家学等，融入中华传统文化的宏大叙事之中，对中国社会的发展和繁荣做出了巨大贡献，其影响遍及中国社会的每一个角落和每一个发展时期。传统家训文化包含的范围更是大到国家社稷、民族信仰，小到家庭伦理、为人处世、读书治学，几乎对中国人精神生活、社会生活和民俗生活等各个层面都有传承和阐释，蕴含着中国人独有的内在特质和生命智慧，更蕴含着中国传统文化的核心范畴和概念。因此，依托现代社会伦理关系，用社会主义核心价值观作为引领，对传统家训文化中的伦理道德、家国情怀等优秀文化进行重新解读，利用现代技术创新家训文化的表现形式和表达方式，赋予其符合时代要求的新内涵，进而有效激发传统家训文化的生命力，为传统家训文化的创造性转化和创新性发展开

---

[1]　杜小琴,谢守成.试析传统家训在高校思想政治教育中的运用[J].学校党建与思想
　　教育,2021(21).

[2]　恽桃.新时代传统家训融入高校思想政治教育路径研究[J].改革与开放,2019(7).

[3]　张志明.优秀传统家训文化融入高校思想政治教育的价值[J].当代教育实践与教学
　　研究,2020(16).

辟新路径。第二，这是提升高校思想政治教育工作实效性的需要。传统家训文化是文化传统和传统家庭美德的结晶，也是警世育人的基础，不仅能丰富新时代高校思想政治教育教学资源，更能为其提供教育理念、原则和方法上的有益借鉴，拓展高校思想政治教育的实践路径，从而提升高校思想政治教育工作的实效性。[1]

（四）家训融入思想政治教育中存在的问题

杜柳指出，家训融入思想政治教育存在的问题主要有三点：一是目前对家训的重视程度不够。一些思政工作者往往认为家训是陈旧过时的教育形式，是家庭内部进行教育的主要形式。二是传统家训和思政教育不能较好地衔接。首先，很多家训没有得到较好的保护，也没有多少内容被家庭后代铭记和保存，有些家庭甚至缺乏保存和继承家训的主动性。其次，当前学校思想政治教育的开展过程中，过于强调逻辑性与系统性。家庭教育是零散的教育，很难与系统的思想政治教育完全整合起来。三是缺乏良好的实践效果。从思政工作者的角度来看，学校的家训教学往往来源于教育管理部门下达的教学任务，只关注某些特定的教学内容，而没有从根本上探究家训的内涵，导致家训在思政教育过程中的作用没有完全体现出来。从思想政治教育的主体来看，学校往往通过呈现古代经典的家训来进行教育教学。通过学习，虽然学生们了解了博大精深的古代文化，但许多学生对家训的理解并不是很透彻。[2]

（五）家训融入思想政治教育的路径

[1] 杨威，赵婵娟.传统家训文化与高校思想政治教育融合探析[J].思想政治教育研究,2020(3).

[2] 杜柳.家训融入思想政治教育的路径[J].中学政治教学参考,2018(9).

苏会君提出，一是发掘故土深厚家训人文资源，强化大学生对优秀家训文化的认同；二是汲取家训优秀文化精华，推进优秀家训文化进课堂；三是丰富校园文化，开展家训家规进校园活动；四是运用校园网络资源，开辟传统家训文化网络教育新板块。[1]章剑锋、易文意提出，优秀传统家训融入大学生思想政治教育，一是将优秀传统家训融入学校教育，用好课堂教学这个主渠道，要强化师资队伍建设，推动校园文化建设；二是将优秀传统家训融于家庭生活环境和网络环境；三是对传统家训进行系统的整理与研究，强化研究成果的推广与宣介；四是发挥大学生榜样作用，强化社会实践，积极践行优秀传统家训倡导的价值理念。[2]杨威、赵婵娟认为，传统家训文化与高校思想政治教育相融合既是一个理论问题，也是一个实践问题，要秉持培养时代新人的育人理念，深化传统家训文化与思想政治教育融合的理论研究，挖掘传统家训文化的思想政治教育资源，推进传统家训文化融入思想政治教育实践活动。[3]杜小琴、谢守成提出，一是通过认真研读优秀家训文献，与社会主义先进文化相结合，凝练家训中的思政教育精髓，提升高校思想政治教育内容的有效性。把握家训中蕴含的思想政治教育思想和良好的教育方法，需要我们从阅读家训原著入手，通过熟读原著深刻体会、领悟其蕴含的核心要义，从而凝练其思想教育精髓。家训中蕴含的思想政治教育无论在当时的社会环境下发挥过多么巨大的作用，在运用于新时

[1] 苏会君.论传统家训文化融入当代大学生思想政治教育[J].湖北经济学院学报（人文社会科学版）,2019(1).

[2] 章剑锋,易文意.传统家训融入大学生思想政治教育的动因、内容与对策[J].浙江师范大学学报（社会科学版）,2020(5).

[3] 杨威,赵婵娟.传统家训文化与高校思想政治教育融合探析[J].思想政治教育研究,2020(3).

代的高校思想政治教育时，都应该放置于当今时代背景之下进行考量，不断从改革开放和社会主义现代化建设中汲取经验，与社会主义先进文化相结合，充分发挥传统家训文化在新时代高校思想政治教育中的作用。二是通过与思政课程、学校宣传、学生管理相结合，扩充家训传播途径，彰显高校思想政治教育形式的多样性。家训与思想政治理论课程相结合可丰富思想政治理论课的内容，增强思想政治教育的说理性，提高学生的学习兴趣，同时，也为思想政治理论课教师开辟新的教学途径，增强课程的生动性和丰富性。要将家训文化的宣传教育与思想政治教育结合起来，从理论高度将家训中蕴含的思想政治教育思想与社会主义核心价值观相结合，制作标语、宣传画，通过校报、广播台、电视台、微信公众号等多种途径反复推送，营造良好的宣传氛围，激发学生想学习、能学习的主观愿望，从而充分发挥思想政治教育以文化人、以文育人，促进学生全面发展的作用。高校要深入理解家训中的教育因素，将其运用于高校学生管理工作的各个方面。三是整合家庭、学校、社会等各方力量共同施教，不断创新高校思想政治教育方法。古代教育在"家国同构"的政治体制背景下，使得家庭的教育理念和学校的教育宗旨高度一致，产生了良好的教育效果。这启发当前高校思想政治教育应开辟家校协同创新的新型教育模式，通过家校联动形成教育合力。[1]

三、研究专家

近年来，一大批专家学者在传统家训的研究领域或专注于某一方向深耕细作，或结合不同视角融合分析，极大地推动了传统家训的基础理论研究和现实应用研究，为传统文化的创造性转化与创新

[1] 杜小琴，谢守成.试析传统家训在高校思想政治教育中的运用[J].学校党建与思想教育,2021(21).

性发展做出了重要贡献，其中陈延斌和杨威是较有代表性的学者。

陈延斌，江苏师范大学中华家文化研究院院长，二级教授，博士生导师，江苏省马克思主义理论重点学科带头人，国家社科基金重大招标项目"中国传统家训文献整理与优秀家风研究"首席专家，兼任教育部人文社科重点研究基地中国人民大学伦理学与道德建设研究中心研究员、江苏省伦理学会副会长等。在《人民日报》《光明日报》《红旗文稿》《孔子研究》《哲学研究》《马克思主义研究》《道德与文明》《高校理论战线》等报刊上发表家训、家风、家文化领域论文 100 余篇；出版《中国家训史》（人民出版社 2011 年版）、《中国好家训》（江苏凤凰科学技术出版社 2017 年版）、《中华十大家训》（5卷）（教育科学出版社 2017 年版）、《中华优秀传统文化简明读本》（教育科学出版社 2018 年版）、《中国传统家训文献辑刊》（30 卷）（国家图书馆出版社 2018 年版）、《家国情怀：中华优秀传统家风文化》（中国方正出版社 2018 年版）等专著、教材 30 多部。陈延斌关于家庭家风建设的观点和意见，得到江苏省委常委、宣传部部长王燕文同志批示。此后又经王部长建议，陈延斌起草了提案《关于加快〈家庭法〉立法的建议》和《关于当前家庭、家风建设的若干建议》，由王部长修改完善后，作为全国人大代表提案，提交全国"两会"，得到江苏代表团的联名附议，其中给予独生子女父母生病住院期间陪护假等建议引起强烈反响，《人民日报》《光明日报》《现代快报》等媒体都进行了报道。陈延斌对传统家训文献进行了大量收集整理工作，同时开展家庭教育实证研究，提出以家风促进党风政风民风，为拓宽反腐倡廉工作的家庭建设路径提供了参考。陈延斌还应邀为国家教育行政学院和人力资源和社会保障部举办的全国家庭教育指导师资高级培训班授课，对推进全国家庭教育工作贡献智慧和对策。

杨威，海南师范大学马克思主义学院教授、博士生导师，海南省课程思政教学指导委员会委员，中央马克思主义理论研究与建设工程专家、国家社科基金通讯鉴定专家、教育部学位中心通讯评议专家、中宣部中华文化走出去外宣品评选专家。著有《中国传统日常生活世界的文化透视》（人民出版社2005年版）、《中华传统家训精粹》（教育科学出版社2020年版）、《以德齐家：新时代家训家风研究》（人民日报出版社2020年版）、《中华文化国际传播研究：以唐宋文化对外传播为参鉴》（人民日报出版社2022年版）等学术专著8部，在《人民日报》《光明日报》《马克思主义与现实》《思想理论教育导刊》《道德与文明》《中国人口科学》等报刊发表学术论文170余篇，4篇论文被《新华文摘》全文转载或论点摘编，3篇研究报告被海南省委相关部门采纳，多篇论文被"学习强国"平台以及"人民网"推送。主持国家社科基金项目2项（含1项国家社科基金重大项目子课题）、全国教育科学课题及教育部课题等省部级以上课题10余项，科研成果获得省社科优秀成果一等奖1项、二等奖1项、三等奖2项。

在众多学者的努力下，家训与思想政治教育领域的研究近年来取得了长足的进步。传统家训受到了越来越多的关注和重视，其独具特色的思想、理论和方法不断被发掘、分析和应用。探讨家训与思想政治教育关系的研究文献逐年增多，逐渐深入家训与思想政治教育的方方面面，为传统家训融入教育教学提供了重要的鉴戒。我们也应该看到，以传统家训为单独研究主题的较多。大多数文献关注的是广义的传统文化与思想政治教育之间的关系，而关于传统家训与思想政治教育之间关系的文献较少。关于传统家训与大学生思想政治教育关系的研究更少，学界对这一主题的关注明显不够。同时，理论分析多，案例分析少，研究缺少实践支撑与验证，这也是应着重补足的短板。

国外很多学者在家庭教育方面也有卓越的建树，但鉴于中国传统家训的独特性，国外目前缺少专门论述此主题的文献。国外也没有"思想政治教育"这一专用词汇，与此类似的是"道德教育"等相关概念。

第三节 研究意义与方法

一、研究意义

（一）进一步加强和改进大学生日常思想政治教育的现实要求

1. 大学生思想政治教育工作要不断改革创新，增强工作时代感和实效性

习近平总书记指出，做好高校思想政治工作，要因事而化、因时而进、因势而新。[1]新形势下，大学生日常思想政治教育工作面临许多新情况、新问题、新挑战，既有思想意识上的，也有实践操作上的；既有可以预见的，也有突发性的；既有个人的，也有家庭的；既有学业上的，也有生活和工作上的；既有心理障碍上的，也有生理健康上的；既有同学之间的问题，也有师生或涉及社会上的问题。为了更好地解决这些问题，我们需要主动适应新形势，认真研究新情况，逐步掌握新技术，把握学生思想特点和发展需求，提高工作科学化精细化水平，增强工作的时代感和实效性。

2. 中华优秀传统家训具有开展思政工作的有利条件

---

[1] 习近平.把思想政治工作贯穿教育教学全过程开创我国高等教育事业发展新局面[N].人民日报,2016-12-9(1).

第一，从家训蕴含的思想来说，传统家训是中华优秀传统文化的重要组成部分，传统家训中的许多思想和观点，至今仍对我们有重要的启迪和指导意义。我们传承传统家训，就是将传统家训中具有永恒价值的精华运用于新形势下的大学生思想政治教育之中。

第二，从家训倡导的"个人—家庭—国家—社会"的结构来看，要将其贯穿到大学生思想政治教育过程中，并将其转化为践行社会主义核心价值观的自觉行动。传统社会"个人—家庭—国家—社会"的结构，遵循"修身—齐家—治国—平天下"的理念，秉持"穷则独善其身，达则兼济天下"的担当，形成了个人成才—家庭幸福—国家强盛—社会和谐的价值目标。它有利于大学生从自身做起，从点滴做起，脚踏实地，不断进步，为逐步实现远大的理想不懈奋斗。

第三，从家训体现的感情来说，它有利于将家的温馨温暖的亲切感融入思政工作的实际中，保障工作的顺利开展。"打仗亲兄弟，上阵父子兵。"由血缘关系构建的家，是所有儿女最坚实的依靠和最温暖的港湾，是最牢固、最稳定、最基本的社会组织。"子姓之众，皆祖宗一脉所分也。顾一树千枝，总是一树；一源万派，总是一源。""患难相顾，有无相济，缓急相通，尽其欢欣所爱洽。"[1]家谱中的语言将这一道理表述得形象、直白而又深刻。因此，深入研究、灵活运用传统家庭教育的方式方法、特色原则，将自己当家长，将学生当孩子，必定能拉近师生间的心灵距离，让其感受到家一般的温暖。

（二）传承、弘扬和发展中华优秀传统家训的必然要求

《中共中央关于党的百年奋斗重大成就和历史经验的决议》指出："中华优秀传统文化是中华民族的突出优势，是我们在世界文化

---

[1] 刘柱彬.略论中国古代家族文化的特质[J].法学评论,1999(1).

激荡中站稳脚跟的根基,必须结合新的时代条件传承和弘扬好。"[1]中华优秀传统家训,历史悠久,内容丰富,思想深刻,蕴含着传统社会的精华,具有永恒的教育价值与时代价值。传承、弘扬和发展中华优秀传统家训,不仅要整理历史典籍,发掘家训文献,也要理解、研究和学习传统家训,更重要的是,坚持辩证唯物主义和历史唯物主义,坚持客观、科学、礼敬的态度,去粗取精,去伪存真,转化创新,不简单夸大,也不简单否定,赋予其适应新时代的内涵和形式,不断补充、拓展、完善,使其最基本的文化基因与当代文化相适应、与现代社会相协调。因此,将中华优秀传统家训融入大学生思想政治教育,是将其创造性转化、创新性发展的必然要求。

(三)增强大学生文化自信、提升大学生文化修养的客观要求

中华文明历经数千年而绵延不绝、迭遭忧患而经久不衰,这是人类文明的奇迹,也是我们自信的底气。家训内容博大精深,修身养性、劝学立业、齐家从政、为国为民,无所不包,家训在为国家和社会培养一代又一代栋梁之材的长期历史进程中发挥了重要作用,并且时至今日,也仍然发挥着不可替代的作用。因此,增强大学生的文化自信,就要增强传统家训文化的自信。传承、弘扬和发展传统家训,即是在提升大学生的文化修养。

二、研究方法

本课题将采取理论(家训概述、时代价值、基本原则)与调查(现实境况、案例分析)、规范(家训概述、时代价值、基本原则、实践理路)与实证(现实境况、案例分析)、定量与定性(现实境况与案例分析为定量、定性相结合,其余以定性为主)、静态(家训概述、时代价

[1]　中共中央关于党的百年奋斗重大成就和历史经验的决议[N].人民日报,2021-11-17(1).

值、基本原则）与动态（现实境况、案例分析、实践理路）、时序演变（中国传统家训的发展进程）与空间分异（现实境况、案例分析）等相关方法，从思想政治教育学的理论体系出发，结合中国古代文化史的理论、方法和史料，进行综合性研究。

第二章 中华优秀传统家训概述

第一节 中华优秀传统家训的基本内涵

一、基本内涵

中国传统社会是建立在农耕文明基础上的家国同构的社会。家庭是社会的基本细胞，是社会的基石。家庭与家庭之间盘根错节，互相联系，无数个家庭互相交往，互相影响，形成了社会。跨越几代的若干个家庭则组成一个大家庭，我们称为家族。中国传统社会非常注重家族的建设和传承。他们聚族而居，日常生活中相互协助，逢年过节共同祭祀先祖。他们每隔几十年就会编修族谱，承前启后，敬宗收族。一个家族连续几代都有杰出的人才，这个家族就可称为名门望族。家族的教育至关重要。名门望族往往设有家学，聘请饱学之士传道授业，并置族田作为经济支持。一个家族的子子孙孙从小受到良好的教育，树立远大的理想，培养坚定的意志，加之耳濡目染长辈们形成的良好氛围，易于在先辈开辟的某个领域做出一番事业，由此就会形成各具特色的家风。

家训的产生源远流长。它主要指家庭的长辈对晚辈、族长对家族成员的训导与教诲，也包括兄长对弟妹的劝勉和夫妻之间的嘱托。家训随着家庭的产生而出现，随着家庭与社会的发展不断丰富、发展和完善。它属于家庭内部的教育，与学校教育、社会教育既相互联结与贯通，也相互区别。

二、基本载体与基本形式

传统家训的基本载体可分为家教文献和家教活动两类，文献多为理论教化，活动多是案例故事，前者侧重于文本，后者侧重于实践，二者相辅相成，互相促进，共同构成了传统家训的丰富体系。

传统家训形式多样，除了散见于各种文献著作中涉及家训与家庭教育的有关论述外，专门的家教著作大致可以分为以下几类。

第一，诫子书和遗训。诫子书是家长对子孙教诫言论的记载，或一事一论或有感而发，通常采用书信、短文或短诗的形式，内容较有针对性。如三国诸葛亮的《诫子书》，阐述修身养性、治学做人的深刻道理；北宋司马光的《训俭示康》，教导儿子要崇尚节俭；清代曾国藩的《致纪泽·咸丰九年十月十四日》教导儿子要早起、守恒、厚重。遗训是古人临终前以遗嘱的形式对后事的交代和对子孙的期望。如三国刘备的《遗诏敕刘禅》，勉励儿子修贤修德，努力读书；南宋陆游的《示儿》希望王师北定中原、九州早日一统。

第二，家训著作。早期的篇幅较短，如东汉班昭的《女诫》、三国嵇康的《家诫》、南朝宋颜延之的《庭诰文》等。南北朝颜之推的《颜氏家训》是我国封建社会第一部系统完整的家教著作，被后世推为"家训之祖"。此类著作影响较大的还有北宋司马光的《家范》，南宋袁采的《袁氏世范》，元代郑文融的《郑氏规范》，明代庞尚鹏的《庞氏家训》、高攀龙的《家训》、姚舜牧的《药言》，清代孙奇逢的《孝友堂家训》、张英的《聪训斋语》、蒋伊的《蒋氏家训》等。

第三，宗规族诫。宋元以来，宗族组织为了加强对族人的教育和约束，仿效或撮录名人的家训条目，结合自身的情况，制定本族的宗规族训，收录在族谱内或置于祠堂中，以供族人阅读遵守。此类家教内容、篇幅不尽相同，但几乎所有宗族的族谱或祠堂中均有涉及，数量极多。它兼有说教和管教的内容，带有家族私法的性质。其中的一些规定要求家族成员必须遵守或者不得违犯，否则就有相应的家法惩治。

第四，蒙学著作与读物。古代儿童的启蒙教育，大多是在学校、塾馆以外的家庭中实现的，所以蒙学的著作和读物也可视为家训著作。它既可用于学校教育，也可用于家庭教育。和前几类家训著作不同的是，它针对的不是一个家庭或宗族，而是面向整个社会。蒙学著作有的侧重于讲训诲儿童的方法和意义，是给教师和家长看的；有的侧重于对儿童道德伦理和行为规范的要求。较有影响的蒙学著作有宋代王应麟的《蒙训》、朱熹的《童蒙须知》，明代王守仁的《训蒙教约》，清代王筠的《教童子法》等。蒙学读物是传播知识的启蒙课本，内容无所不有，形式多种多样，这其中就有流传极广被合称为"三百千"的《三字经》《百家姓》《千字文》。

第五，家训丛书与类书。宋代以来，为了家庭教育的需要，一些学者和教育家将有关家训著作合编为丛书，或者撮抄家训精华，分门别类地编成类书。如宋代刘清之的《戒子通录》、张时举的《小学五书》，明代赵南星的《教家二书》，清代张伯行的《养正类编》、贺瑞麟的《蒙养书十三种》、陈宏谋的《五种遗规》等。

第二节 中华优秀传统家训的发展历史

一、基本脉络

黄帝时期，我国的父权制家庭开始出现，在此基础上的五帝"禅让"与家学世传孕育了传统家训的萌芽。五帝通过禅让制，在同族中选择德行高尚的人继承帝位。这个过程包含的考察与训导，虽然具有君臣、上下的性质，但从氏族内部的角度来看，具有长辈对晚辈的训诫之义。远古时期的家学传承，主要是农业、天文、医学、手工业等基本知识、经验与技术的传承，其传承的形式一般为父传子承。这个过程也含有家训的成分。如西汉刘向在《列女传》中记载周朝始祖后稷（姬姓，名弃）的母亲姜嫄"清静专一，好种穑稼"，儿子弃幼年喜欢玩种植麻、菽的游戏，她便因势利导，"教之种树桑麻。弃之性明而仁，能育其教，卒致其名"。弃长大后"遂好耕农，相地之宜，宜谷者稼穑焉，民皆法则之"。

西周开始，家训逐渐产生。周初王室的家训，包括周文王姬昌之母太任与周成王姬诵之母邑姜的胎教，文王教武王，武王、周公教成王，成王教子弟。周文王姬昌在临终遗嘱《保训》中，告诫儿子姬发要学习先人之志、修身养德："微志弗忘，传贻子孙，至于成唐，祗备不懈，用受大命。"周公立足于周王朝的长治久安，对子、侄、弟等在各方面均有发人深省的训诫，主要体现在《尚书》中的《康诰》《酒诰》《梓材》《多士》《无逸》《君奭》《立政》等篇以及《史记》的一些篇目中。周公家训既有父子之爱、叔侄之亲、兄弟之情，也有君臣之义、长幼之别，对培养明智的王位继承者与诸侯国创建者具有积极的促进作用。周公提出的"惟命不于常""以德配天""敬德保民""明德慎罚"等一系列全新的观念，对周王室成员乃至上层贵族都具有思想解放的意义。周公家训规定了传统家训的基本定式，其思想、内容、原则、方法等都对后世具有重要的启迪和深远的影响，开传统家训之先河。

春秋时期，孔子创办私学，招生授徒，创立了儒家学派。儒家思想逐渐成为我国传统封建社会的主导思想，其中蕴含的道德规范与诗书伦理更是被传统家训奉为圭臬。在家庭教育方面，孔子以诗、礼传家，曾子身教重于言传，孟母重视环境的影响。先秦儒家的代表人物在其著作中有丰富的家训思想，但亲自训导子孙的事迹并不多，这或许与当时"君子之远其子"的思想有关。反映战国时期历史的《国语》《左传》《战国策》中的家训内容以德教为先，将道德作为观察、评判和为人处世的标准。

秦始皇消灭六国，统一天下，但二世而亡。西汉统治者吸取秦亡教训，与民休养生息，社会经济逐步恢复与发展。汉武帝时"罢黜百家，独尊儒术"，儒学完全成为封建王朝的统治思想。父家长制的大家庭世代延续，与家训相关的基本概念如家教、家学、家戒、门法、门风等产生，家训的内容也更加多样化。此时的帝王家训以刘邦、刘秀、刘备、曹操为代表，名臣名士家训以诸葛亮、嵇康、阮籍为代表。东汉班昭的《女诫》是我国第一部专门训导女子的系统著作，在我国家训史上占有重要的地位。之后东汉荀爽著《女诫》，蔡邕著《女训》，历时100多年，训导女子的理论框架基本建立起来。蔡邕的两个女儿不负父教，一个成为西晋名将羊祜之母，一个就是博学多才的蔡文姬。

两晋南北朝至隋唐时期，战争连年不断，政权频繁更替，社会动荡不安，门阀士族不断发展壮大，官学兴废无时，家学受到越来越高的重视，家训逐渐走向成熟，主要表现在六个方面。第一，仕宦家训形成了体系。南北朝颜之推的《颜氏家训》，体例完备、内容全面、立论公允、务实细致，集前人家训思想之大成，标志着我国古代家训的成熟。第二，帝王家训开始出现了完整系统的著作。唐太宗李世民撰写了《帝范》一书，系统论述了帝王如何修身、治家、理国、平天下的问题，对后世帝王家训具有重要影响。第三，隋唐开始实行科举取士的制度，豪门士族趋于衰败，读书之风蔚然兴起，读书科考也成为家训的重要内容。第四，家风的概念逐渐丰富，并被广泛使用。成文的家法开始出现，从唐代柳玭编撰的《柳氏叙训》中可以看出柳氏家规戒条的严格。第五，对女子的训诫继续加强，代表作为唐代的《女孝经》《女论语》。第六，儒家思想成为少数民族家训的重要内容。两晋至隋唐是我国民族大融合时期，汉族积极吸收少数民族文化的同时，少数民族也深受汉族文化的影响。如北魏孝文帝拓跋宏，受其母亲冯太后的影响，以汉族文化改革鲜卑旧俗，缓解了民族隔阂，促进了社会进步。

宋元时期，中国社会动荡，理学思想兴起，宗族组织经历了较快的发展，儒家纲常逐渐深入家庭、宗族中，传统家训逐步走向繁荣。这一时期的传统家训，出现了一些新的变化。

第一，读书科考的内容与比重增多。宋代实行重文轻武的政策，科举考试始终是基本国策。宋真宗赵恒作为封建君主，亲自作《劝学诗》宣传读书入仕，对当时及后世产生了深远的影响：

富家不用买良田，书中自有千钟粟。

安居不用架高堂，书中自有黄金屋。

出门莫恨无人随，书中有马多如簇。

娶妻莫恨无良媒，书中自有颜如玉。

男儿欲遂平生志，六经勤向窗前读。

以至整个社会的氛围都是"万般皆下品，唯有读书高"，家训的重要内容就是勤奋读书，考取功名，光宗耀祖。

第二，仕宦家训增多。宋代的很多仕宦达人，都有家训传世，如司马光、范仲淹、贾昌朝、包拯、苏轼、赵鼎、陆游、叶梦得等。司马光作《家范》与《居家杂仪》，既有封建家庭的基本伦理关系准则，也有家庭治理的经验之谈，还有家庭生活的日常规范，被后世作为治家教子的范本。陆游的教子诗，是传统家训中"诗训"这一形式的集大成者。袁采的《袁氏世范》将家训教化的功能从一家一族拓展至整个社会，见解鲜明独到，在传统家训发展史上占有重要地位。

第三，"治生""制用"以及居家指导，丰富了家训的内容。"治生"即谋生，"制用"即管理家庭财务收支，居家指导涉及家庭生活的各个领域，极其详尽具体，这些内容在之前都是很少见的。

第四，家训的教化通过体系完整的家族组织实施。宋代以来，累世同居共财的大家族增多。为了保持家族的稳定和发展，他们纷纷制定了内容详尽完备的家训族规。与此同时，他们立族长，置族产，修族谱，建祠堂，通过完备的家族组织实施有效的教化。元代郑文融初订、其子孙续订的《郑氏规范》，因其家族 300 年的传承和系统、完备、具有远见卓识的训导，成为受到皇帝旌表的家规族训的范本。

明清时期，社会经济发展，中央集权强化。明清两代的家训不仅数量庞大，而且内容无所不包、形式丰富多彩、领域也不断扩大。目前我国典籍中流传的家训，以明清两代数量最多。明清至民国，上至豪门大家，下至一介平民，都非常重视修撰族谱，而族谱中大都附有本族先人的族规族训、家法家诫。明清家训在内容上既有一般意义上的训示家训，也有商贾类的专门家训；作者既有帝王与官宦，也有普通的平民百姓；形式上既有长篇巨著，也有歌诀、箴言、铭文、训词；方式上既有循循善诱的说理警戒，也有强硬冰冷的家规族法。明仁孝文皇后亲自撰写的《内训》，是封建帝后家训的集大成者。清代康熙皇帝的《庭训》《庭训格言》《圣谕十六条》是中国帝王家训的顶峰。明代庞尚鹏的《庞氏家训》、姚舜牧的《药言》、杨继盛的《杨忠愍公遗笔》、高攀龙的《家训》，清代张英的《聪训斋语》《恒产琐言》，孙奇逢的《孝友堂家规》《孝友堂家训》，朱柏庐的《治家格言》

等，都是颇有影响的家训名篇。

鸦片战争以后，中国开始沦为半殖民地半封建社会，发展了3000多年的传统家训日渐走向衰落。但也不能对这段时期的传统家训全盘否定，开明官僚、洋务派、改良主义思想家、启蒙思想家家训中的新思想是在守旧中出新，维新派、革命派的家训，是传统家训的开拓和转型。林则徐、魏源等是近代中国最早一批开眼看世界的官僚士大夫。19世纪60年代起，以曾国藩、李鸿章、左宗棠、张之洞为主要代表的新派官僚掀起了"自强""求富"的洋务运动。他们主张学习资本主义的科学技术以富国强兵，强调读书与世事历练相结合，家训的形式以家书为主。曾国藩的家书既继承了中国传统家训的优良传统，又适应社会的变化和时代的发展，含有较多的发展和创新，是中国传统家训史上带有近代特征的重要著作。维新派家训以梁启超为代表，他的家庭教育也取得了巨大的成功，"一门三院士，九子皆才俊"。张謇是近代实业救国的先驱，他集先贤之言而成的《家诫》是其家训思想的重要体现。

二、代表作

（一）《颜氏家训》：传统家训之祖

《颜氏家训》的作者是南北朝的颜之推。他祖籍琅玡临沂（今山东临沂），生于士族官僚之家，自幼博览群书，辞采华茂。他屡经世变，先后仕于梁、北齐（官至黄门侍郎）、北周、隋四朝，"三为亡国之人"。为了将自己一生的经验和心得系统地整理出来，"整齐门内，提撕子孙"[1]，颜之推写下了这部书。

《颜氏家训》内容极为广泛，共七卷二十篇，对立身、治家、求

---

[1]（南北朝）颜之推.颜氏家训[M].中华书局,2022:2.

学、处世等论述尤为详尽：卷一分为《序致》《教子》《兄弟》《后娶》《治家》；卷二分为《风操》《慕贤》；卷三分为《勉学》；卷四分为《文章》《名实》《涉务》；卷五分为《省事》《止足》《诫兵》《养生》《归心》；卷六分为《书证》；卷七分为《音辞》《杂艺》《终制》。

《颜氏家训》中的很多观点，时至今日，仍具有重要的价值。如他提倡胎教，重视早教。"教妇初来，教儿婴孩"[1]。"人生小幼，精神专利，长大以后，思虑散逸，固须早教，勿失机也。"[2]他主张教育孩子要威严有慈爱，"父子之严，不可以狎；骨肉之爱，不可以简。简则慈孝不接，狎则怠慢生焉。"[3]他主张读书要学以致用，"积财千万，不如薄伎在身"[4]。要有必备的立身之术，"人生在世，会当有业，农民则计量耕稼，商贾则讨论货贿，工巧则致精器用，伎艺则沉思法术，武夫则惯习弓马，文士则讲议经书。"[5]他嘱咐子孙做事要有人格和尊严，"君子当守道崇德"[6]，不能不顾廉耻，投机钻营。他教导儿孙婚娶，不要注重门第高低，否则"或猥婿在门，或傲妇擅室，贪荣求利，反招羞耻"[7]。他主张节俭而不吝啬，"可俭而不可吝已。俭者，省约为礼之谓也；吝者，穷急不恤之谓也。今有施则奢，俭则吝；如能施而不奢，俭而不吝，可矣。"[8]

---

[1]　（南北朝）颜之推 . 颜氏家训 [M]. 中华书局 ,2022:7.

[2]　（南北朝）颜之推 . 颜氏家训 [M]. 中华书局 ,2022:111.

[3]　（南北朝）颜之推 . 颜氏家训 [M]. 中华书局 ,2022:10.

[4]　（南北朝）颜之推 . 颜氏家训 [M]. 中华书局 ,2022:101.

[5]　（南北朝）颜之推 . 颜氏家训 [M]. 中华书局 ,2022:97.

[6]　（南北朝）颜之推 . 颜氏家训 [M]. 中华书局 ,2022:187.

[7]　（南北朝）颜之推 . 颜氏家训 [M]. 中华书局 ,2022:43.

[8]　（南北朝）颜之推 . 颜氏家训 [M]. 中华书局 ,2022:34.

自周公开家训之先河以后，历代家训篇幅有长有短，但仅是针对某一方面或者某一内容。而《颜氏家训》从胎教和早教开始，对家庭教育应达到的目标、主要内容、方式方法均有阐述，其中既有既往家教经验的借鉴总结和颜氏家族家教精华的承袭，也有针砭时弊的对策见解。因此，此书不只适用于颜氏一家一族，且可以推广至全社会的千家万户，受到广泛关注和高度评价。宋代晁公武《郡斋读书志》说《颜氏家训》"述立身治家之法，辨正时俗之谬，以训世人"。宋代陈振孙认为"古今家训，以此为祖"。明代袁衷在其家训专著《庭帏杂录》中赞道："六朝颜之推家法最正，相传最远"。清代王钺在《读书丛残》中说道："北齐黄门颜之推《家训》二十篇，篇篇药石，言言龟鉴，凡为人子弟者，当家置一册，奉为明训，不独颜氏。"《颜氏家训》集以往仕宦家训之大成，标志着我国传统家训的成熟。

（二）《郑氏规范》：江南第一家的传世家训

浙江省金华市的浦江郑氏家族，历经宋、元、明三个朝代300余年，合族而居，和谐相处，人才辈出，在朝为官者100余人。郑氏家族一再受到封建统治者的表彰，《宋史》《元史》《明史》均列入"孝友传""孝义传"中。元武宗至大四年（1311）旌表其为"孝义门"。明洪武十八年（1385），太祖朱元璋赐匾"江南第一家"。洪武二十三年（1390），朱元璋赐以"孝义家"御书。

《郑氏规范》历经郑氏家族几代子孙修订编纂而成。郑氏家族六世孙郑文融，在其父制定的治家准则基础上，结合社会现实，制定了家规58则，这是《郑氏规范》的雏形。此后，七世孙郑钦增至70则，其弟郑铉增至92则。明初，八世孙郑涛，率领兄弟郑濂、郑源、郑泳、郑澳，做了大幅度的修改补充，最终整理出168条族规族训，形成完整的《郑氏规范》。

《郑氏规范》的家训思想可以概括为以孝治家、以法齐家、以廉仕德。郑氏远祖郑绮早在立家之时就提出了"以孝治家"的思想。他临终时严词告诫："吾子孙有不孝不悌，不共财聚食者，天实殛罚之。"[1]《郑氏规范》中写道："吾家既以孝义表门，所习所行，无非积善之事。子孙皆当体此，不得妄肆威福，图胁人财，侵凌人产。以为祖宗积德之累，违者以不孝论。"[2]可见，郑家在遵循"以孝治家"祖训的同时，已将孝思想、孝文化演变为一种心怀仁义、积善为民的生活理念和行为规范。郑氏五世族长郑德璋首先提出了"以法齐家"的思想，并制定了相应的治家准则。但这些准则并没有像法律条文一样冰冷严酷，而更像是长辈对晚辈的谆谆教诲。"立家之道，不可过刚，不可过柔，须适厥中。"[3]俭生廉，廉益德。郑氏家族在当地是一个殷实之家，但始终秉持勤俭持家的理念。"家业之成，难如升天，当以俭素是绳是准。"[4]郑氏家族的廉洁，不只在治家方面，更体现在出仕方面。"子孙出仕，有以赃墨闻者，生则于谱图上削去其名，死则不许入祠堂。"[5]削除宗籍、不准入祠，这在家族观念极重的古代，是不可承受的最严厉的结果。另外，家训中还贯穿了恤民、爱民、为民的思想："子孙倘有出仕者，当夙夜切切，以报国为务。抚恤下民，实如慈母之保赤子。有申理者，哀矜恳恻，务得其情，毋行苛虐。又

[1]　郑自修.郑氏族系大典[M].中州古籍出版社,2004:299.

[2]　石孝义.中华历代家训集成——明卷：夫学，莫先于立志[M].河海大学出版社,2021:23.

[3]　石孝义.中华历代家训集成——明卷：夫学，莫先于立志[M].河海大学出版社,2021:8.

[4]　石孝义.中华历代家训集成——明卷：夫学，莫先于立志[M].河海大学出版社,2021:23.

[5]　石孝义.中华历代家训集成——明卷：夫学，莫先于立志[M].河海大学出版社,2021:16.

不可一毫妄取于民。"[1]

（三）《曾国藩家书》：传统仕宦家训的巅峰

曾国藩，湖南湘乡人，晚清中兴四大名臣之首，湘军的创立者和统帅，洋务派领袖之一。他博学多才、守道不移，坚忍不拔、恭谦克俭，死后谥号"文正"，获得封建王朝的最高评价，被称为中国古代历史上的最后一人、近代历史上的第一人。毛泽东曾评价曾国藩："予于近人，独服曾文正。"[2] 曾国藩非常重视家训，曾说"盖父亲以其所知者尽以教我，而我不能以我所知者尽教诸弟，是不孝之大者也"[3]。他从任职翰林院到生命终止的前一年的 30 多年间，一直坚持用书信的方式将自己的经验教训和心得体会写给兄弟子侄，总计 330 余封，为历代最多，流传广泛，影响深远。曾国藩死后七年（1879），湖南长沙传忠书局便刊行了《曾文正家书》，此后各地相继编纂出版了《曾国藩教子书》《曾国藩与弟书》《曾国藩家书》《曾国藩全集·家书》等。从这些书信中，我们可以看到曾国藩无私为国、勤俭治家、拙诚修身、专心治学的处世原则，恭肃严谨的理政风范，以及对长辈、兄弟和晚辈的关心爱护。

曾国藩的家训思想有八本之教，即"读书以训诂为本，诗文以声调为本，事亲以得欢心为本，养生以少恼怒为本，立身以不妄语为本，居家以不晏起为本，作官以不要钱为本，行军以不扰民为本"。具体来说，可以分为修身、治学、治家三个方面。关于修身，曾国藩写道："不贪财、不失信、不自是。有此三者，自然鬼服神钦，到处

---

[1] 石孝义.中华历代家训集成——明卷：夫学，莫先于立志[M].河海大学出版社,2021:16.

[2] 毛泽东.毛泽东早期文稿[M].湖南出版社,1990:85.

[3] 曾国藩.曾国藩全集·家书·与弟书（1842）[M].岳麓书社,1985.

人皆敬重。"[1]关于治学，曾国藩写道："盖士人读书，第一要有志，第二要有识，第三要有恒。有志则不甘为下流；有识则知学问无尽，不敢以一得自足，如河伯之观海，如井蛙之窥天，皆无识者也；有恒则断无不成之事。此三者缺一不可。"[2]关于治家，曾国藩提出"三致祥"原则，即"勤致祥，孝致祥，恕致祥"。[3]他强调，立家务必勤俭，不偷懒，不浪费；兴家务必孝友，尊敬有礼，孝顺有德；和家务必宽恕，不怨妒、不狭隘、不争抢。曾国藩崇尚勤劳勤奋，反对懒惰骄奢，反复叮嘱子女："凡仕宦之家，由俭入奢易，由奢返俭难。尔年尚幼，切不可贪爱奢华，不可惯习懒惰。无论大家小家，士农工商，勤苦俭约，未有不兴；骄奢倦怠，未有不败。"[4]曾国藩还结合历史与现实，进行正反对比："若农夫农妇，终岁勤动，以成数石之粟、数尺之布，而富贵之家终岁逸乐，不营一业，而食必珍馐，衣必锦绣，酣豢高眠，一呼百诺，此天下最不平之事，鬼神所不许也，其能久乎？古之圣君贤相，若汤之昧旦丕显，文王日昃不遑，周公夜以继日坐以待旦，盖无时不以勤劳自励。""为一身计，则必操习技艺，磨炼筋骨，困知勉行，操心危虑，而后可以增智慧而长才识。"[5]晚年的曾国藩将一生的经验总结为"日课四条"，要求子女遵照执行："慎独则心安；主敬则身强；求仁则人悦；习劳则神钦"。

[1]　曾国藩.曾国藩全集·家书·致澄弟沅弟季弟（1848）[M].岳麓书社,1985.

[2]　曾国藩.曾国藩全集·家书·致澄弟沅弟季弟（1844）[M].岳麓书社,1985.

[3]　曾国藩.曾国藩全集·家书·致纪泽、纪鸿（1861）[M].岳麓书社,1985.

[4]　曾国藩.曾国藩全集·家书·致纪鸿（1856）[M].岳麓书社,1985.

[5]　曾国藩.曾国藩全集·家书·日课四条（1871）[M].岳麓书社,1985.

第三节 中华优秀传统家训的内容体系

传统家训涉及为人处世的各个方面，但总体上是以立德立志、勉学向上、治家交游为基本内容。

一、立德立志

立德立志，就是塑造高尚的品德、树立远大的志向，这是传统家庭教育的第一要义。"立德、立功、立言"的"三不朽"，确立了传统社会衡量人生价值的最高准则。"天行健，君子以自强不息"的进取风貌，"士不可以不弘毅，任重而道远"的使命担当，"富贵不能淫，贫贱不能移，威武不能屈"的浩然正气，"黄沙百战穿金甲，不破楼兰终不还"的坚定决心，"鞠躬尽瘁，死而后已"的献身精神，"先天下之忧而忧，后天下之乐而乐"的高尚胸襟，"天下兴亡，匹夫有责"的爱国情怀，"千磨万击还坚劲，任尔东西南北风"的坚韧品质等，均赋予传统社会君子、贤者、仁人、志士、英雄、豪杰以崇高丰富的内涵，激励着人们心怀天下、矢志前行。父母教育孩子如此，教师教育学生更是如此。具体来说，立德立志包括以下五个方面。

（一）爱国守法

北宋的张载写下了"为天地立心，为生民立命，为往圣继绝学，为万世开太平"的豪言壮语。他在为晚辈订立的两则学规《订顽》《砭愚》，言简意赅，意境深远，体现了理想人格应有的道德言行，深受儒学大家程颐和朱熹的赞赏。据《宋史·陈元桂传》记载，南宋陈元桂在抵御元军进攻时，训诫其亲属："与其死于饥馑、死于疾病、死于盗贼，孰若死于守土之为光明俊伟哉？"《隋书·列女传》记载，南越首领谯国夫人每逢部族大会时就会向子孙展示历朝所赐之物，教导子孙维护国家统一："汝等宜尽赤心向天子……今赐物具存，此忠孝之报也，愿汝皆思念之。"林则徐在《赴戍登程口占示家人》中写道："苟利国家生死以，岂因祸福避趋之。"梁启超一生心系祖国，他曾说："人必有爱国心，然后方可以用大事。"秋瑾告诫其侄："但凡爱国之心，人不可不有，若不知本国文字、历史，即不能生爱国心也。"[1] 对于普通百姓而言，爱国就是要守国法，做良民，如清代江苏毗陵修善里胡氏宗谱的《族训》中就提到："赋税宜依期输纳，差徭合依理承认。"

（二）谦和礼让

周公在《诫伯禽书》中，提出了六种"谦德"："德行广大而守以恭者，荣；土地博裕而守以俭者，安；禄位尊盛而守以卑者，贵；人众兵强而守以畏者，胜；聪明睿智而守以愚者，益；博文多记而守以浅者，广。"周公告诫儿子，要恭敬、节俭、谦卑、敬畏、大智若愚、放低姿态，否则就会像桀、纣一样失去天下。张英、张廷玉是清初著名的父子宰相，桐城老家人因为宅基地与邻家吴氏起了纷争，张英回复家人一首诗："一纸书来只为墙，让他三尺又何妨？长城万里今犹在，不见当年秦始皇。"家人领会了张英的意思，于是退让三尺。吴氏深受感动，也退让三尺，于是就有了后来的六尺巷。一场纷争就在互让互谅中化干戈为玉帛。清代蒋伊在《蒋氏家训》中强调："不得逼迫穷困人债负及穷佃户租税，须容之。终于贫不能还者，焚其券。"[2]

（三）勤劳勤政

明代庞尚鹏《庞氏家训》在"严约束"十六则中强调勤勉："凡

---

[1]　徐少锦等.中国历代家训大全[M].中国广播电视出版社,1993:686.

[2]　徐少锦等.中国历代家训大全[M].中国广播电视出版社,1993:422.

男女必须未明而起，一更后方可宴息，无得苟安放逸。"[1]明代许云邨在《许云邨贻谋》要求子弟中为官者，"不论尊卑，一以廉恕忠勤，保国安民为职"[2]。明代姚舜牧在其家训著作《药言》中指出："一日之计在于寅，一年之计在于春，一生之计在于勤。起家的人，未有不始于勤而后渐流于荒惰，可惜也。"[3]清代彭定求著有《成家十富》，指出了家业兴旺的十条路径，其中关于勤劳的就有三条："第一富，不辞辛苦做道路（勤俭富）；第三富，听得鸡鸣下床铺（当心富）；第四富，手脚不停理家务（终久富）。"魏源在《读书吟示儿耆》第五首中，以花木松柏做比喻，告诫儿子要有所作为，就要不畏艰难，勤苦向前：

> 君不见，华时少，实时多。
>
> 花实时少叶时多，由来草木重干柯。
>
> 秋花不及春花艳，春花不及秋花健。
>
> 何况再实之木花不繁，唐开之花春必倦。
>
> 人言松柏黛参天，谁知铁根霜干蟠九泉。[4]

曾国藩训导侄儿：祖辈"皆未明即起，竟日无片刻暇逸……勤字功夫，第一贵早起，第二贵有恒"[5]。丁宝祯在《丁文诚公家信》中告诫后辈勤勉为官："尔既作知府，持心须公正，操守须廉洁，作事要勤速，问案更细心。"[6]

---

[1] 徐少锦等.中国历代家训大全[M].中国广播电视出版社,1993:274.

[2] 徐少锦等.中国历代家训大全[M].中国广播电视出版社,1993:224.

[3] 徐少锦等.中国历代家训大全[M].中国广播电视出版社,1993:290.

[4] 徐少锦等.中国历代家训大全[M].中国广播电视出版社,1993:755.

[5] 曾国藩.曾国藩全集·家书·致澄弟沅弟季弟（1842）[M].岳麓书社,1985.

[6] 中央纪委监察部网络中心.中国家规[M].中国方正出版社,2017:314.

（四）节俭朴素

为了郑重其事地训示节俭的问题，司马光专门给儿子司马康写了一封家书《训俭示康》，正反对比，现身说法，言辞恳切，深刻阐发了成由勤俭败由奢的道理，为后世所称道和传颂。《郑氏规范》提出："家业之成，难如登天，当以俭素自绳是准。"[1] 许汝霖《德星堂家订》要求家人衣着朴素，婚嫁、葬祭一切从简，不许"鼓乐张筵"，将省下的钱救济孤寡，维持家塾。《治家格言》，又称《朱子家训》，是朱柏庐的家教名篇，其中有崇尚节俭的名句："一粥一饭，当思来处不易；半丝半缕，恒念物力维艰。"清初石成金的《天基遗言》中专门有一条"莫费财"，列举了十件容易导致家业破败的费财之举，要子弟严以为戒："一是谋买科名官爵；一是结交势宦；一是教习戏子，并学吹唱；一是多畜姬妾、俊童；一是起造华堂、高屋、池馆、园亭；一是好告状，打官事，喜斗殴，争强胜；一是嫖；一是赌；一是好吃懒做，不务生业，多养闲汉出入；一是勉强学富贵人家行事，假装体面。"

（五）清正廉洁

吴越钱氏世代人才兴盛，钱氏后人总结前代治家思想编订的《钱氏家训》对清正廉洁为官做出了振聋发聩的训诫："执法如山，守身如玉"，"利在一身勿谋也，利在天下者必谋之；利在一时固谋也，利在万世者更谋之"。包拯非常痛恨贪赃枉法，他在奏议《乞不用赃吏疏》中写道："廉者，民之表也；贪者，民之贼也。"在其家训中，他严词训示："后世子孙仕宦，有犯赃滥者，不得放归本家；亡殁之后，不得葬于大茔之中。不从吾志，非吾子孙。"[2] 南宋吕祖谦在其《家范·官

[1] 石孝义.中华历代家训集成——明卷：夫学，莫先于立志[M].河海大学出版社,2021:23.

[2] 中央纪委监察部网络中心.中国家规[M].中国方正出版社,2017:78.

箴》中指出："当官之法,唯有三事,曰清,曰慎,曰勤。知此三者,则知所以持身矣。"[1]清就是清廉,不贪不渎;慎就是慎独,克己自治;勤就是勤于政事,恪尽职守。明末清初思想家顾炎武在写给外甥徐元文的家书《与公肃甥书》中,强调了清廉的重要性:"诚欲正朝廷以正百官,当以激浊扬清为第一义,而其本在于养廉。"[2]

立志高远。《论语》有云:"三军可以夺帅,匹夫不可夺志也。"嵇康在《家诫》中直言:"人无志,非人也。"[3]诸葛亮教育外甥:"志当存高远,慕圣贤。"王夫之在《示侄孙生蕃》中,以凤凰与燕雀做比喻,告诫侄孙做一个志向远大、顶天立地的人:"传家一卷书,惟在尔立志。凤飞九千仞,燕雀独相视。不饮酸臭浆,闲看傍人醉。识字识得真,俗气自远避。人字两撇捺,原与禽字异。潇洒不沾泥,便与天无二。汝年正英少,高远何难企。"[4]曾国藩指出:"君子之立志也,有民胞物与之量,有内圣外王之业,而后不忝于父母之生,不愧为天地之完人。"[5]

二、勉学向上

勉学向上,就是鼓励专心读书,提高才识,这是传统家庭教育的重要内容。

《颜氏家训》专列《勉学》一篇,第一句就是"自古明王圣帝,犹须勤学,况凡庶乎",点明了勤学的重要性和必要性。接着指出学习

---

[1] 中央纪委监察部网络中心.中国家规[M].中国方正出版社,2017:140.

[2] 中央纪委监察部网络中心.中国家规[M].中国方正出版社,2017:201.

[3] 石孝义.中华历代家训集成——周-南北朝卷:静以修身,俭以养德[M].河海大学出版社,,2021:82.

[4] 王夫之.王船山诗文集[M].中华书局,1962:400.

[5] 曾国藩.曾国藩全集·家书·致纪瑞(1863)[M].岳麓书社,1985.

的意义在于"开心名目，利于行耳"，"纵不能增益德行，敦厉风俗，犹为一艺，得以自资。"指出早教的重要性："固须早教，勿失机也。"即使早年没有学习机会，成年后仍要加倍努力，不可自暴自弃。指出学习注意详略得当、突出重点的原则："当博览机要，以济功业；必能兼美，吾无间焉。"[1]欧阳修作《诲学说》，告诫儿子学习上进做君子：

玉不琢，不成器；人不学，不知道。然玉之为物，有不变之常德，虽不琢以为器，而犹不害为玉也。人之性，因物则迁，不学，则舍君子而为小人，可不念哉？[2]

杜甫写给儿子宗武的诗《又示宗武》，表达了希望儿子熟读书承家学，以便有所成就的愿望：

觅句新知律，摊书解满床。

试吟青玉案，莫羡紫罗囊。

假日从时饮，明年共我长。

应须饱经术，已似爱文章。

十五男儿志，三千弟子行。

曾参与游夏，达者得升堂。[3]

韩愈作《符读书城南》，教育儿子韩符努力读书："人之能为人，由腹有诗书。诗书勤乃有，不勤腹空虚。"[4]宋代叶梦得在《石林家训》中强调勤学苦读、不入俗流："旦起须先读书三五卷，正其用心处，然后可及他事。暮夜见烛亦复然。若遇无事，终日不离几案。苟能如

---

[1] （南北朝）颜之推.颜氏家训[M].中华书局,2022:96.

[2] 中国地方志指导小组办公室.中华家训精编100则[M].方志出版社,2015:70.

[3] 徐少锦等.中国历代家训大全[M].中国广播电视出版社,1993:701.

[4] 徐少锦等.中国历代家训大全[M].中国广播电视出版社,1993:702.

此，一生永不会向下，作下等人。如见他事，自然不妄。"[1] 袁采在《袁氏世范》中强调开卷有益："大抵富贵之家教子弟读书，固欲其取科第及深究圣贤言行之精微。然命有穷达，性有昏明，不可责其必到，尤不可因其不到而使之废学。盖子弟知书，自有所谓无用之用者存焉。史传载故事，文集妙词章，与夫阴阳、卜筮、方技、小说，亦有可喜之谈，篇卷浩博，非岁月可竟。子弟朝夕于其间，自有资益，不暇他务。又必有朋旧业儒者，相与往还谈论，何至饱食终日，无所用心，而与小人为非也。"[2] 成书于南宋的《三字经》，是中国最著名的传统儿童启蒙读物，它短小精悍、琅琅上口，千百年来，家喻户晓。《三字经》用了大量的篇幅，专门论述勤奋学习：

> 口而诵，心而惟。朝于斯，夕于斯。
>
> 昔仲尼，师项橐。古圣贤，尚勤学。
>
> 赵中令，读鲁论。彼既仕，学且勤。
>
> 披蒲编，削竹简。彼无书，且知勉。
>
> 头悬梁，锥刺股。彼不教，自勤苦。
>
> 如囊萤，如映雪。家虽贫，学不辍。
>
> 如负薪，如挂角。身虽劳，犹苦卓。
>
> 苏老泉，二十七。始发愤，读书籍。
>
> 彼既老，犹悔迟。尔小生，宜早思。
>
> 若梁灏，八十二。对大廷，魁多士。
>
> 彼既成，众称异。尔小生，宜立志。
>
> 莹八岁，能咏诗。泌七岁，能赋棋。
>
> 彼颖悟，人称奇。尔幼学，当效之。

---

[1] 徐少锦等.中国历代家训大全[M].中国广播电视出版社,1993:161.

[2] 徐少锦等.中国历代家训大全[M].中国广播电视出版社,1993:196.

蔡文姬，能辨琴。谢道韫，能咏吟。

彼女子，且聪敏。尔男子，当自警。

唐刘晏，方七岁。举神童，作正字。

晏虽幼，身已仕。有为者，亦若是。

犬守夜，鸡司晨。苟不学，曷为人。

蚕吐丝，蜂酿蜜。人不学，不如物。

幼而学，壮而行。上致君，下泽民。

扬名声，显父母。光于前，裕于后。

人遗子，金满籯。我教子，唯一经。

勤有功，戏无益。戒之哉，宜勉力。

山东桓台王氏家族以道义治家，高度重视读书，明代的四世祖王重光为王氏家族立下了第一条成文家训："所存者必皆道义之心，所行者必皆道义之事，所友者必皆读书之人，所言者必皆读书之言。"[1]清代彭端淑作《为学一首示子侄》，强调为学勤能补拙："天下事有难易乎？为之，则难者亦易矣；不为，则易者亦难矣。人之为学有难易乎？学之，则难者亦易矣；不学，则易者亦难矣。……是故聪与敏，可恃而不可恃也，自恃其聪与敏而不学者，自败者也；昏与庸，可限而不可限也，不自限其昏与庸而力学不倦者，自力者也。"[2]章学诚在家书中强调学习要专心致志："夫学贵专门，识须坚定，皆是卓然自立，不可稍有游移者也。至功力所施，须与精神意趣相为浃洽，所谓乐则生，不乐则不生也。"[3]曾国藩在《致诸弟》中强调读书贵在有志、有识、有恒："盖士人读书，第一要有志，第二要有识，第

[1]　中央纪委监察部网络中心.中国家规[M].中国方正出版社,2017:221.

[2]　中国地方志指导小组办公室.中华家训精编100则[M].方志出版社,2015:79.

[3]　中国地方志指导小组办公室.中华家训精编100则[M].方志出版社,2015:83.

三要有恒。有志则不甘为下流；有识则知学问无尽，不敢以一得自足，如河伯之观海，如井蛙之窥天，皆无识者也；有恒则断无不成之事。此三者缺一不可。诸弟此时，惟有识不可以骤几，至于有志有恒，则诸弟勉之而已。"[1]

我国古代自隋唐以来实行科举取士。相对于世袭、察举、九品中正制等选才制度，科举制无疑是最为公平的。它可以瞬间改变一个人的命运，平步青云，也可以逐步实现家业的兴旺，光宗耀祖，还可以一展平生的抱负，青史留名。因此，金榜题名的成就感和荣耀感强烈吸引着人们刻苦攻读，望子成龙的期盼大都寄托于此。因此，隋唐以来读书劝学的家庭教育，很大程度上倾向于勤奋攻读，考取功名。宋代汪洙的《神童诗》作为劝学诗、启蒙诗，以格律工整、浅显易懂的五言诗的形式将金榜题名的好处描述得淋漓尽致，具有极大的感染力和鼓动性，如：

天子重英豪，文章教尔曹。

万般皆下品，惟有读书高。

少小须勤学，文章可立身。

满朝朱紫贵，尽是读书人。

……

朝为田舍郎，暮登天子堂。

将相本无种，男儿当自强。

三、治家交游

治家，主要是孝敬父母、教育子女，保持家庭和睦，家业兴旺；交游，即以诚待人，广交贤能。这是传统家庭教育的基本准则。

---

[1] 中国地方志指导小组办公室.中华家训精编100则[M].方志出版社,2015:86.

孝是中国传统社会伦理关系的根本，是中华民族的传统美德，也是治家的首要内容。同时孝也是诸德之本："人之行莫大于孝。"[1]汉代以来，"以孝治天下"成为历代治国纲领。汉代皇帝大多以"孝"为谥号，唐玄宗李隆基亲自为《孝经》作序，朱元璋的陵墓称为"孝陵"，康熙、乾隆皇帝多次在宫内开设"千叟宴"。封建政府还制定了弘扬孝道的政治制度，大力褒奖孝悌，将突出事迹编入官修史书。《大戴礼记·曾子疾病》记载，"啮指痛心"的曾子作《孝经》，他在生病的时候仍不忘教导儿子孝的及时性和必要性："亲戚不悦，不敢外交；近者不亲，不敢求远；小者不审，不敢言大；故人之生也，百岁之中，有疾病焉，有老幼焉，故君子思其不可复者而先施焉。亲戚既殁，虽欲孝，谁为孝乎？年既耆艾，虽欲弟，谁为弟乎？故孝有不及，弟有不时，其此之谓与？"《孟子·离娄章句上》中提到，孟子认为侍奉父母是侍奉的根本，教育后辈做坚持道德操守、孝敬双亲的好儿子："孟子曰：'事孰为大？事亲为大；守孰为大？守身为大。不失其身而能事其亲者，吾闻之矣；失其身而能事其亲者，吾未之闻也。孰不为事？事亲，事之本也。'"宋代黄庭坚家族《黄氏家规》："人有祖宗，犹水木之有本源，不可忘也。父母罔极之恩，同于天地。凡我子姓亲存者，务宜随分敬养。"[2]《二十四孝》全名为《全相二十四孝诗选集》，由元代郭守正根据西汉刘向的《孝子传》辑录而成，同时绘有《二十四孝图》，配有二十四孝故事，是提倡孝道的童蒙读物，在民间流传甚广。明代姚舜牧在《药言》中指出："圣贤开口便说孝弟（悌），孝弟是人之本，不孝不弟，便不成人了。孩提知爱，稍长知敬，奈

---

[1]　孔子.孝经[M].上海古籍出版社,2014:43.

[2]　中央纪委监察部网络中心.中国家规[M].中国方正出版社,2017:104.

何自失其初，不齿于人类也。"[1]

治家还要教育好子女，处理好家庭中的各种关系，保证家庭的和睦和家业的兴旺。《颜氏家训》专设"治家"篇，提出父母要做儿女的榜样；要赏罚分明，勤俭持家；子女的婚姻要注重清白，不要贪图荣华富贵。《家范》是司马光为教诫子孙与家人所作，历来被中国封建士大夫阶层推崇为家教范本。该书首列"易·家人"为序，下设"治家""祖""父""母""子上""子下""女""孙""伯叔父""侄""兄""弟""姑姊妹""夫""妻上""妻下""舅甥""舅姑""妇""妾""乳母"，共10卷19篇，对治家的意义、方法以及不同家庭成员的行为准则和关系的处理等均有详细论述。清代蒋伊在《蒋氏家训》中除了关于祭祀列祖、勤俭持家、孝亲敬长、和睦乡里、体恤贫苦的训诫外，还有两点值得称道：一是反对女子从一而终的封建礼教，二是在教育子女上提出奖惩结合。明清晋商乔氏家族的治家直接体现在明确的约定上，如《乔氏六不准》："不准纳妾；不准赌博；不准嫖娼；不准吸毒；不准虐仆；不准酗酒。"[2]

关于交游，应交君子，远小人。《颜氏家训》专门设"慕贤"篇，讲的就是多结交贤才、远离道德品质不好的人："人在年少，神情未定，所与款狎，熏渍陶染，言笑举动，无心于学，潜移暗化，自然似之；何况操履艺能，较明易习者也？是以与善人居，如入芝兰之室，久而自芳也；与恶人居，如入鲍鱼之肆，久而自臭也。"[3] 朱熹《给长子书》中告诫儿子要交"敦厚忠信，能攻吾过"的"益友"，不要交"谄

---

[1] 徐少锦等.中国历代家训大全[M].中国广播电视出版社,1993:285.

[2] 杨威,罗夏君.中华优秀家训精粹[M].教育科学出版社,2020:269.

[3] （南北朝）颜之推.颜氏家训[M].中华书局,2022:88.

谀轻薄，傲慢亵狎，导人为恶"的"损友"。[1]在《纪晓岚家书·训大儿》中，纪晓岚教育长子纪汝佶交友要慎重，要警惕"伪君子"："尔初入仕途，择交宜慎，友直友谅友多闻益矣。误交真小人，其害犹浅；误交伪君子，其祸为烈矣。盖伪君子之心，百无一同：有拗捩者，有偏倚者，有黑如漆者，有曲如钩者，有如荆棘者，有如刀剑者，有如蜂虿者，有如狼虎者，有现冠盖形者，有现金银气者。业镜高悬，亦难照彻。缘其包藏不测，起灭无端，而回顾其形，则皆岸然道貌，非若真小人之一望可知也。并且此等外貌麟鸾中藏鬼蜮之人，最喜与人结交，儿其慎之。"[2]曾国藩在《致澄弟温弟沅弟季弟》家信中告诫："一生之成败，皆关乎朋友之贤否，不可不慎也"。[3]林则徐在给儿子的信《致林汝舟》中训诫其子："友朋应酬，虽不可少，而亦要有限制"，"近朱者赤，近墨者黑，此择友之道应尔也"[4]。张之洞也有《与儿子书》，"力戒妄交"[5]。

第四节 中华优秀传统家训的方式方法

家训是家庭教育的重要载体，以教育子女为直接目的。家庭教育不是一蹴而就的，而是一个长期复杂的系统性过程。其方式方法也不是单一、生硬的，而是在不同的情境下与语言、文字、实物、场所、实践活动等互相结合，以达到最佳的教育效果。传统家训蕴含的教育子女的方式方法基本上有胎教早教、环境浸染、言传身教、严

[1] 中国地方志指导小组办公室.中华家训精编100则[M].方志出版社,2015:294.

[2] 中国地方志指导小组办公室.中华家训精编100则[M].方志出版社,2015:310.

[3] 徐少锦,陈延斌.中国家训史[M].人民出版社,2011:751.

[4] 林则徐.林则徐书简[M].福建人民出版社,1985年:288.

[5] 徐少锦,陈延斌.中国家训史[M].人民出版社,2011:768.

慈相济、因材施教、著书立说等。

一、胎教早教

我国的胎教理论最早可以追溯到西周时期，太任（周文王姬昌之母）育文王就是一个典型例子。刘向《列女传·母仪传·周室三母》记载："大任（太任）者，文王之母，挚任氏中女也。王季娶为妃。大任之性，端一诚庄，惟德之行。及其有娠，目不视恶色，耳不听淫声，口不出敖言，能以胎教。溲于豕牢，而生文王。文王生而明圣，大任教之，以一而识百，卒为周宗。君子谓大任为能胎教。古者妇人妊子，寝不侧，坐不边，立不跸，不食邪味，割不正不食，席不正不坐，目不视于邪色，耳不听于淫声。夜则令瞽诵诗，道正事。如此，则生子形容端正，才德必过人矣。故妊子之时，必慎所感。感于善则善，感于恶则恶。人生而肖万物者，皆其母感于物，故形音肖之。文王母可谓知肖化矣。"从《黄帝内经》的"胎病"论述，到汉代戴德《大戴礼记》最早提出"胎教"的概念，从唐代孙思邈《千金方》的"养胎论"，到宋代朱熹《小学》的"胎孕之教"，从清代陈梦雷编纂《古今图书集成·医部全录》将胎教列为儿科分卷之首，到康有为《大同书》中建立胎教院的主张，胎教的理论逐步建立和完善起来。

古代非常重视早教，《易经》的"蒙以养正，圣功也"对后世影响极大。中国古代蒙学的发展，表现在蒙学机构的纷纷设立和蒙学读物大量问世上。官学与私学、中央与地方教育同时开办，传统的蒙学教育不断发展，蒙学读物逐渐供不应求。传统社会专门为儿童编写的，在私塾或村学中用于启蒙教育的课本即蒙学读物，又称蒙养书、小儿书。周代的《史籀篇》是历史记载的最早的蒙学课本。秦代有字书《仓颉》七章、《爱历》六章、《博学》七章，汉代将以上三篇合为《仓颉篇》。南北朝时成书的《千字文》主要是识字教育,同时有封建伦理纲常教育和基本常识教育。《急就篇》是汉至唐代蒙学普遍采用的字书。唐代以后,蒙学不断发展,至宋代活字印刷术发明,蒙学书籍渐成系统,形成包括识字教育、封建伦理道德教育和常识教育的完整体系。体裁形式多样,有韵语读本、看图识字、短文故事和诗集。以识字教育为主的蒙学课本有《开蒙要训》《百家姓》《三字经》《对相识字》《文字蒙求》等;以封建伦理教育为主的蒙学课本有《太公家教》《小学》《小儿语》《续小儿语》《弟子规》等;以自然与社会常识教育为主的蒙学课本有《兔园册》《蒙求》《幼学琼林》等;以阅读为主要目的的故事课本有《书言故事》《龙文鞭影》《蒙养图说》《童蒙观鉴》《二十四孝图说》等;以诗歌教育为目的的课本有《千家诗》《唐诗三百首》等。《三字经》《百家姓》《千字文》合称"三百千",是中国古代流传最广、影响最大的蒙学读物。

历代家训中也有很多早教的论述。颜之推结合自己的亲身体会专门论述了早教的重要性:"人生小幼,精神专利,长成已后,思虑散逸,固须早教,勿失机也。吾七岁时,诵《灵光殿赋》,至于今日,十年一理,犹不遗忘;二十之外,所诵经书,一月废置,便至荒芜矣。……幼而学者,如日出之光,老而学者,如秉烛夜行,犹贤乎瞑目而无见者也。"[1]康熙帝在《庭训》中强调:"谕教宜早,弗敢辞劳。"[2]梁启超在《论幼学》一文中提出:"春秋万法托于始,几何万象起于点。人生百年,立于幼学。"

---

[1]　(南北朝)颜之推.颜氏家训[M].中华书局,2022:111.

[2]　徐少锦等.中国历代家训大全[M].中国广播电视出版社,1993:395.

二、环境浸染

孔子强调要交往品德高尚、见多识广的人。《论语·季氏篇》写道："益者三友，损者三友。友直，友谅，友多闻，益矣。友便辟，友善柔，友便佞，损矣。"《孟子·尽心上》中孟子感慨齐王之子气度不凡，强调了成长环境的重要性："孟子自范之齐，望见齐王之子。喟然叹曰：'居移气，养移体，大哉居乎！夫非尽人之子与？'"孟子曰："王子宫室、车马、衣服多与人同，而王子若彼者，其居使之然也。"荀子在《劝学》中以蒙鸠筑巢、射干临渊等做比喻，强调环境的重要性："南方有鸟焉，名曰蒙鸠，以羽为巢，而编之以发，系之苇苕，风至苕折，卵破子死。巢非不完也，所系者然也。西方有木焉，名曰射干，茎长四寸，生于高山之上，而临百仞之渊，木茎非能长也，所立者然也。蓬生麻中，不扶而直；白沙在涅，与之俱黑。兰槐之根是为芷，其渐之滫，君子不近，庶人不服。其质非不美也，所渐者然也。故君子居必择乡，游必就士，所以防邪辟而近中正也。"朱熹教导儿子交"益友"、远"损友"："大凡敦厚忠信，能攻吾过者，益友也；其谄谀轻薄，傲慢亵狎，导人为恶者，损友也。但恐志趣卑凡，不能克己从善，则益者不期疏而日远，损者不期近而日亲。此须痛加检点而矫革之，不可荏苒渐习，自趋小人之域。"[1]

古代的书院特别重视环境塑造。它们多选址于远离市井尘嚣、依山傍水、风景秀丽之处，布局上左右均等、中轴对称、主次分明，辅以园林景致，空间"尊礼"，植物"比德"，彰显了天人合一、厚德载物的理念，起到了涵养性情、浸润心灵的效果。家庭教育的不同风格造就了家族的不同风尚，也影响了各地区的不同特色。据《新唐书》记载，唐代家谱学者柳芳曾将南北朝以来各地著名士族的不

---

[1] 中国地方志指导小组办公室.中华家训精编 100 则 [M].方志出版社,2015:295.

同风格做了概括："山东之人质，故尚婚娅，其信可与也；江左之人文，故尚人物，其智可与也；关中之人雄，故尚冠冕，其达可与也；代北之人武，故尚贵戚，其泰可与也。"[1]而家庭环境的塑造，不仅是隐性的耳濡目染，更是显性的率先垂范。在先祖几代人的努力和积累下，很多家庭终于培养出了杰出的人才；在家庭代表性人物的教育和提携下，后世子孙英才辈出。司马谈是西汉杰出的史学家，作为太史令，他掌管着国家馆藏的众多典籍、文书和资料，渐渐萌生了撰写一部通史著作的想法。为此，30年间，他博览群书，收集资料，为撰写史书做了大量的准备。但司马谈后来一病不起，深感时日无多的他只能将撰写史书的希望寄托在儿子司马迁身上，希望他继承自己未竟的事业。据《史记》记载，他嘱咐司马迁："无忘吾所欲论著矣。……今汉兴，海内一统，明主贤君，忠臣义士，予为太史而不论载，废天下之文，予甚惧焉，尔其念哉！"司马迁痛哭流涕，接受了父亲的临终嘱托。后来，司马迁因李陵事件遭受宫刑，身心受到极大打击，但他仍然凭借强大的意志力，将全部的精力投入史书的撰写中，历时14年，完成了史家之绝唱《史记》。王献之与父亲王羲之并称"二王"，苏轼、苏辙与父亲苏洵并称"三苏"，李时珍继承祖业完成医药学巨著《本草纲目》，中兴名臣曾国藩家族更可谓人才济济，长盛不衰。家庭的环境浸染为子孙的成才起到了重要的促进作用。

三、言传身教

教育子女，不仅仅是用口头或书面的语言教育，更要用实际行动率先垂范、以身作则。"曾子烹彘"的故事就是讲曾子信守承诺教育儿子的故事。《韩非子·外储说左上》记载："曾子之妻之市，其

---

[1] 阎爱民.中国古代的家教[M].商务印书馆,2013:278.

子随之而泣。其母曰：'女还，顾反为女杀彘。'妻适市来，曾子欲捕彘杀之。妻止之曰：'特与婴儿戏耳。'曾子曰：'婴儿非与戏也。婴儿非有知也，待父母而学者也，听父母之教。今子欺之，是教子欺也。母欺子，子而不信其母，非所以成教也。'遂烹彘也。"明代徐霞客无意功名，提出要外出游历时，他的母亲不但不反对，还不顾自己年届七旬，多次亲自陪同，给徐霞客以极大的鼓励。清代申涵光在《格言仅录》中说："教子贵以身教，不可仅以言教。"魏源在《默觚·学篇》中写道："身教亲于言教。"

梁启超是近代著名思想家、文学家。他为救国家于危难，与康有为等维新人士倡导学习西方先进的科学文化、政治和教育制度，发展工商业等的资产阶级改良运动。运动失败后的 1900 年，八国联军侵华，民族危机空前严重，逃亡到日本的梁启超写下了著名的《少年中国说》，具有强烈的鼓励性和进取精神，寄托了他对祖国的热爱和期待。当袁世凯暴露称帝的企图时，梁启超挥笔写就《异哉所谓国体问题者》，坚决抵制袁世凯复辟。面对威逼利诱，梁启超不为所动，坚持将文章发表。晚年的梁启超选择在天津寓所著书立说，关注国家的走向。他将忠贞不渝的赤子之心，通过言传身教，融入了一代代梁氏后人的血脉中。1898 年后的 30 年间，梁启超一共写了 400 余封充满家国情怀的家书。如 1919 年 12 月 2 日写给梁思顺："总要在社会上常常尽力，才不愧为我之爱儿。人生在世，常要思报社会之恩。"梁启超一共有 9 个子女，每个子女都在各自的领域卓有成就。长女梁思顺，诗词专家；长子梁思成，建筑学家；次子梁思永，考古学家；三子梁思忠，西点军校毕业，曾参与淞沪抗战；次女梁思庄，图书馆学家；四子梁思达，经济学家；三女梁思懿，社会活动家；四女梁思宁，早期就读南开大学，后奔赴新四军参加革命；五子梁思礼，火箭控制系统专家。其中梁思成、梁思永、梁思礼均为中国科学院院士，被称为"一门三院士，九子皆才俊"。1927 年 5 月 26 日在家书中写道："毕业后回来替祖国服务，是人人共有的道德责任。"[1] 梁启超的九个子女，有七位曾出国留学。当时的他们完全可以留在国外，成为西方主流社会的一员，享受远高于国内的优厚待遇，却都是学成即归国，参与到祖国的建设中。

相反，如果长辈自己行为失格，那子女就会受到不好的影响。明代吕得胜《小儿语》写道："老子终日浮水，儿子做了溺鬼；老子偷瓜盗果，儿子杀人放火。"清代汪汲在《座右铭类编·贻谋》写道："父兄暴戾，子弟学样。父兄幸或免祸，子弟必有贻殃。"

四、严慈相济

严慈相济，就是既要严格要求而不能过于苛责，又要悉心爱护而不能溺爱放纵。《颜氏家训·教子》讲到要有严有慈，并分析了一味溺爱的危害："父母威严而有慈，则子女畏慎而生孝矣。吾见世间，无教而有爱，每不能然；饮食运为，恣其所欲，宜诫翻奖，应呵反笑，至有识知，谓法当尔。骄慢已习，方复制之，捶挞至死而无威，忿怒日隆而增怨，逮于成长，终为败德。"接着以治病为喻，强调该严厉的时候必须要严厉："凡人不能教子女者，亦非欲陷其罪恶；但重于呵怒，伤其颜色，不忍楚挞惨其肌肤耳。当以疾病为谕，安得不用汤药针艾救之哉？又宜思勤督训者，可愿苛虐于骨肉乎？诚不得已也！"接着，颜之推通过举例得出结论："父子之严，不可以狎；骨肉之爱，不可以简。简则慈孝不接，狎则怠慢生焉。"[2] 司马光在《家

[1]　中央纪委监察部网络中心.中国家规[M].中国方正出版社,2017:342.

[2]　（南北朝）颜之推.颜氏家训[M].中华书局,2022:10.

范·父母》中借用曾子的话，强调严要显于表面，慈宜藏于心底："曾子曰：'君子之于子，爱之而勿面，使之而勿貌，遵之以道而勿强言；心虽爱之不形于外，常以严庄莅之，不以辞色悦之也。不遵之以道，是弃之也。然强之，或伤恩，故以日月渐摩之也。'"[1]《袁氏世范·睦亲》进一步指出了在子女成长的不同阶段，严、慈的侧重点也应有所不同："子幼必待之以严，子壮无薄其爱。"[2]

关于严格，康熙帝在《庭训格言》中强调读书治学务必要坚定不移、勇猛精进、永不退缩："学者，一日必进一步，方不虚度时日。大凡世间一技一艺，其始学也，不胜其难，似万不可成者，因置而不学，则终无成矣。所以初学，贵有决定不移之志，又贵有勇猛精进之心，尤贵有贞常永固、不退转之念。人苟能有决定不移之志，勇猛精进，而又贞常永固，毫不退转，则凡技艺，焉有不成者哉！"[3] 在《庭训》中，他以自己的亲身经历谆谆训诫子弟："朕深惟列后付托之重，谕教宜早，弗敢辞劳。未明而兴身，亲督课东宫，及诸子以次上殿，背诵经书，至于日昃。还会习字、习射、覆讲，犹至宵分。自首春以及岁晚，无有旷日。每思进修之益，必提撕警诫，斯领受亲切。"[4] 因此，清朝皇子的教育是非常严格的。据陈康祺在《郎潜纪闻四笔·圣祖教皇子之勤》记载，康熙朝曾辅导过太子教育的汤斌这样描述皇子每天的教育："诸位阿哥，每日皆走三四里，然后至书房读书。下午读完书，又走三四里，然后回家。若冬天有走六七里，皇子皇孙大半如是。盖一则习劳，一则聚在一处书房，心力易于定，而他务及外务均不得

---

[1] 徐少锦等. 中国历代家训大全 [M]. 中国广播电视出版社,1993:99.

[2] 徐少锦等. 中国历代家训大全 [M]. 中国广播电视出版社,1993:183.

[3] 徐少锦等. 中国历代家训大全 [M]. 中国广播电视出版社,1993:353.

[4] 徐少锦等. 中国历代家训大全 [M]. 中国广播电视出版社,1993:395.

而使之近,此天家之善教也。"[1]乾隆时赵翼曾任内阁中书,有时要很早去禁内军机处值早班。因为起得太早,经常昏昏沉沉倚在墙柱上打盹儿,蒙眬之中就看见远处有几盏灯一闪一闪进入隆宗门,这是皇子们开始到书房读书了。他们每天有定量的学习功课,学习儒家经文,作诗文,练习书画,学习满汉语文,进行骑射等军事体育训练,一直到傍晚才结束。每个时辰安排得都很紧凑,而且每天如此。赵翼在《檐曝杂记·皇子读书》中深有感触地写道:"吾辈穷措大专恃读书为衣食者,尚不能早起,而天家金玉之体乃日日如是!""即皇子读书一事,已迥绝千古。"皇子们接受这样的教育,"文学安得不深?武事安得不娴熟?宜乎皇子孙不惟诗文书画无一不擅其妙,而上下千古成败理乱已了然于胸中,以此临敌,复何事不办?"[2]清朝皇室的教育既严格,又一以贯之。清朝一共 12 位皇帝,没有一位昏君暴君,均励精图治,以国事为重,这与其他朝代特别是相隔最近的明朝比起来,无疑是非常成功的。

关于慈爱,王守仁在《训蒙教约》中主张要针对儿童的特点,在宽松愉快的气氛下进行。教儿童认字读书,要给他们留出空闲余地,"能二百字者,止可授以一百字,常使精神力量有余,则无厌苦之患,而有自得之美。"[3]曾国藩教育子女非常尊重他们自身的人格,像朋友一样推心置腹,循循善诱。儿子曾纪泽初次参加乡试没有考中,去信询问父亲想将八股文暂时搁置,学些别的感兴趣的内容。曾国藩虽然知道八股文是科举考试的必考内容,但还是尊重儿子的意见,建议他是否联系作赋,说:"此事比之八股文略有意趣,不知尔性与之

---

[1] 阎爱民.中国古代的家教[M].商务印书馆,2013:207.

[2] 阎爱民.中国古代的家教[M].商务印书馆,2013:206.

[3] 阎爱民.中国古代的家教[M].商务印书馆,2013:208.

相近否？"曾纪泽写字、读书理解力强，作诗文能力差些，曾国藩说："尔看书天分甚高，作字天分甚高，作诗文天分略低。若在十五六岁时教导得法，亦当不止于此。"在鼓励中指出了儿子的不足，不是简单指责儿子不用功，而是自我检讨，说自己之前的教育不得法。他勉励曾纪泽要发奋努力：尔"今年已二十三岁，全靠尔自己挣扎发奋，父兄师长不能为力。作诗文是尔之所短，即宜从短处痛下功夫。看书写字尔之所长，即宜拓而充之"[1]。这种教子之道，体现了父亲的慈爱和关怀，易于受教育者接受。

　　然而，过于严厉或者过于慈爱是不可取的。据《魏书·清河王绍传》记载，北魏道武帝对儿子拓跋绍开始非常溺爱，待拓跋绍长大以后凶悖顽劣，道武帝又十分讨厌他。一次发怒，竟将拓跋绍倒吊在井里悬了半天时间，直到儿子奄奄一息的时候才把他拽上来。后来道武帝与拓跋绍母子矛盾激化，拓跋绍夜间带人结果了老父的性命，造成了逆子弑父的惨剧。孙武在《孙子兵法·地形》中用娇生惯养之子比喻那些腐败无用的官兵："厚而不能使，爱而不能令，乱而不能治，譬若娇子，不可用也。"清代梁绍壬在《两般秋雨庵随笔》卷五中记载了孙枝蔚的诗《少年行》，描写了一个纨绔子弟终日游手好闲，最后落得个对坟而泣的凄凉下场，讽刺那些溺爱子女的父母：

　　少年不读书，父兄佩金印，子弟乘高车。

　　少年不学稼，朝出乌衣巷，暮饮青楼下。

　　岂知树上花，委地不如蓬与麻。

　　可怜楼中梯，枯烂谁论高与低？

　　尔父尔兄归黄土，尔今独自立门户。

　　尔亦不辨菽东西，尔亦不能学商贾。

---

[1] 阎爱民.中国古代的家教[M].商务印书馆,2013:211.

时衰运去繁华歇，年年大水伤禾黍。

旧时诸青衣，散去知何所？

簿吏忽升堂，催租声最怒。

相传新使君，怜才颇重文。

尔曹不识字，张口无所云。

鬻田田不售，哭上城东坟。

昔日少年今如此，地下贵人闻不闻？[1]

五、因材施教

孔子是因材施教的最早施行者。在《论语·先进》中，孔子根据子路和冉有不同的品性，对他俩问的同一个问题，给出了不同的回答。子路问："闻斯行诸？"子曰："有父兄在，如之何其闻斯行之？"冉有问："闻斯行诸？"子曰："闻斯行之。"公西华曰："由也问闻斯行诸，子曰'有父兄在'；求也问闻斯行诸，子曰'闻斯行之'。赤也惑，敢问。"子曰："求也退，故进之；由也兼人，故退之。"子路逞强好胜，办事不周全，就要多听取别人的意见。冉有性格谦逊，办事犹豫不定，就鼓励他果断行事，这就是典型的因材施教。对于孔子因材施教的教育智慧，北宋理学家程颢、程颐在《二程遗书》中说："孔子教人，各因其材，有以政事入者，有以言语入者，有以德行入者"。朱熹在《孟子·尽心章句上》的注释中进一步发展了因材施教的理论："圣贤施教，各因其材，小以小成，大以大成，无弃人也。"还说："弟子因孔子之言记此十人，而并目其所长，分为四科。孔子教人各因其材，于此可见"[2]。"此十人""分为四科"，即常说的"四

---

[1]　阎爱民.中国古代的家教[M].商务印书馆,2013:223.

[2]　（宋）朱熹.四书章句集注[M].中华书局,2014:339.

科十哲"。"四科十哲"指在德行、言语、政事、文学有杰出表现的10位弟子,代表"德行"的颜渊、闵子骞、冉伯牛、仲弓,代表"言语"的宰我、子贡,代表"政事"的冉有、季路,代表文学的子游、子夏。《颜氏家训·涉务》指出:"国之用材,大较不过六事:一则朝廷之臣,取其鉴达治体,经纶博雅;二则文史之臣,取其著述宪章,不忘前古;三则军旅之臣,取其断决有谋,强干习事;四则藩屏之臣,取其明练风俗,清白爱民;五则使命之臣,取其识变从宜,不辱君命;六则兴造之臣,取其程功节费,开略有术:此则皆勤学守行者所能办也。人性有长短,岂责具美于六涂哉?但当皆晓指趣,能守一职,便无愧耳。"[1]这里虽然讲的是对人不能求全责备,但事实上也印证了人各有所长,应该根据各人的秉性发展其特长的理论。明代庞尚鹏在《庞氏家训》中强调了对轻浮、褊急、暴戾、迂迟的人应该施以不同的方法:"学贵变化气质,岂为猎章句、干利禄哉?如轻浮则矫之以严重,褊急则矫之以宽宏,暴戾则矫之以和厚,迂迟则矫之以敏迅。随其性之所偏,而约之使归于正,乃见学问之功大。"[2]曾国藩主张根据子女的兴趣爱好确定其发展方向。儿子曾纪泽对西方科学文化感兴趣,曾国藩就没强迫他学习八股文,而是鼓励他学习对社会有用的知识。曾纪泽后来作为使臣出使英国、法国、俄国,抨击强权外交,维护国家利益,成长为杰出的外交家。儿子曾纪鸿对科举和仕途不感兴趣,而酷爱数学,并通天文、地理、舆图诸学,曾国藩也很支持他。曾纪鸿没有辜负父亲的期望,写成《对数评解》《圆率考真图解》《粟布演草》等专著,成为近代卓有成就的数学家。梁启超的几个子女分别从事诗词研究、建筑学、考古学、军事、图书馆学、经济学、社

---

[1] (南北朝)颜之推.颜氏家训[M].中华书局,2022:175.

[2] 徐少锦等.中国历代家训大全[M].中国广播电视出版社,1993:269.

会活动、革命事业、火箭控制学，也是典型的因材施教。

因材施教的基础是要充分了解受教育者。孔子认为"中人以上，可以语上"，"中人以下，不可以语上"。朱熹对此的评述是"盖中人以下之质，骤而语之太高，非惟不能以入，且将妄意躐等，而有不切于身之弊，亦终于下而已矣。"也就是，"中人以下之质"，"语之太高"则"不能以入"。这说明教育对象有教育的可接受性程度，教育者需要对这个可接受性程度作出预判。脱离学生可接受性程度的教育是"语之太高"的教育，最终的结果只能是学生"不能以入"，不得其道。与"语之太高"这种教育相反，孔子通过"言""听""观""察""省"，准确地把握了每个弟子存在的个体差异。比如，在孔子看来，性格上，"柴也愚、参也鲁、师也辟、由也喭"，"由也果""赐也达""求也艺"。学习差异上，有"知之者""好之者""乐之者"。清代魏源指出，不了解一个人的短处，也不了解一个人的长处，不能发现一个人长处中的短处，也不能发现一个人短处里的长处，就无法合理使用人、教导人："不知人之短，不知人之长，不知人长中之短，不知人短中之长，则不可以用人，不可以教人。用人者，取人之长，辟人之短；教人者，成人之长，去人之短也。惟尽知己之所短而后能去人之短，惟不恃己之所长而后能收人之长。"[1]

六、著书立说

传统社会很多家长将自己为人处世的切身体会总结、整理成文字，为后世子孙起到直接的训诫作用，也客观上促进了家庭教育思想的系统化和理论化，为后世传承和研究传统家庭教育提供了大量的一手资料。

---

[1]（清）魏源.默觚[M].辽宁人民出版社,1994:59.

这些家训有的刻于石上。如宋代包拯将世代守廉的家训刻在石头上，树立在堂屋东面的墙壁旁；张謇集刘向、诸葛亮、颜之推等七位名人的教子警言，书刻于石，集为《家诫》。有的是言简意赅，口口相传，如曾国藩祖父的八字遗训"考宝早扫，书蔬鱼猪"；乔家大院的"不准纳妾，不准赌博，不准嫖娼，不准吸毒，不准虐仆，不准酗酒"六不准家规。有的是以家书的形式，循循善诱，如诸葛亮的《诫子书》，司马光的《训俭示康》，曾国藩家书，丁宝桢家书，梁启超家书。有的是临终嘱托，如东汉马融的《遗令》，刘邦的《手敕太子文》，曹操的《遗令》。有的是各类宗规族诫，收录在族谱内或置于祠堂中，供族人阅读遵守。清代纂修的《毗陵修善里胡氏宗谱》，卷一有祠规、祖训、家诫、先训等名目。其中"祖训"教导族人要和睦宗族，顺从长上，安分守常；"家诫"则有41条，详细规定族人不许做的事情，如不许谤讪君上，不许违逆父母，不许兄弟反目，不许惑听妇言，不许结交匪类，不许学拳棒，不许吃洋烟等；在"祠规"中又定有处置族人的家法：凡"干名犯上"者，要押入祠堂，笞五十，并罚银两，如果强悍不服，则要扭送官府。有的书写于门厅、院落以警示后人，如山西乔致庸从儒家典籍中择取名言佳句，题写成匾额、楹联，或悬挂或雕刻在乔家大院的角角落落，让子孙迎面朗读，低首默诵，时刻牢记做人做事的准则。匾额有："在中堂"，取儒家推崇的"中庸""执两用中"之意；"会芳"，寓意贤德之士汇聚一堂；"为善最乐""履中蹈和"，即中正谦和。楹联有：忠厚培心和平养性，读书启后勤俭持家；读书好经商亦好学好便好，创业难守成尤难知难不难；经济会通守纪律，言词安定去雕镂；百年燕翼惟修德，万里鹏程在读书；传家有道唯存厚，处世无奇但率真；行事莫将天理错，立身宜与古人争；损人欲以复天理，蓄道德而能文章；

宽宏坦荡福臻家常裕，温厚和平荣久后必昌；言必典彝行修坛宇，门无杂尘家有赐书等。李鸿章曾撰写一副楹联赠与乔家：子孙贤族将大，兄弟睦家之肥。有的是诗词的形式，如东方朔的《戒子诗》，白居易的《狂言示诸侄》，陆游的《示儿》等。有的是分门别类、洋洋洒洒的家训著作，如南北朝颜之推的《颜氏家训》，北宋袁采的《袁氏世范》，司马光的《家范》，明代姚舜牧的《药言》，清代蒋伊的《蒋氏家训》，张英的《聪训斋语》等。有的是面向整个社会的蒙学读物。周宣王时期的《史籀篇》是我国历史上最早的儿童识字教材，秦代有《仓颉篇》，汉代使用最广的识字教材是《急就篇》。南朝周兴嗣的《千字文》既是识字课本，也是一本儿童学习的百科全书。宋代王应麟的《三字经》、明代的《增广贤文》、清代李毓秀的《弟子规》侧重于道德教育；明代程登吉的《幼学琼林》、萧良有的《龙文鞭影》侧重于百科常识；宋代汪洙的《神童诗》、清代的《千家诗》、孙洙的《唐诗三百首》、侧重于作诗；《开蒙要训》《百家姓》《文字蒙求》侧重于识字；清代李渔的《笠翁对韵》、车万育的《声律启蒙》侧重于声韵格律。唐代的《太公家教》，宋代朱熹的《童蒙顺知》，明代王守仁的《训蒙教约》，明代吕得胜、吕坤父子的《小儿语》《续小儿语》，是训诫类蒙书的代表。

第五节 中华优秀传统家训的主要特征

一、基于家庭与益于社会相统一

其一，从影响上来说，家训本是家长基于世系的绵延、门第的传承而针对子女及子孙后代的一种教育形式，只是针对本家本族，但它的影响往往不会局限在一家一族之内，而会在社会上广为流传。如

《颜氏家训》就被称为"篇篇药石，言言龟鉴，凡为人子弟者，当家置一册，奉为明训，不独颜氏。"[1] 清代孙奇逢在《孝友堂家规》中引用周公、孔子、马援、刘备、柳玭、王阳明六位先贤家训，并嘱咐："此六则之义，千万人言之不尽，千万世用之不尽，凡我子孙，其绎斯言。"[2] 张謇辑录了西汉刘向、三国诸葛亮、魏王修、南北朝颜之推、唐柳玭、宋胡安国和朱熹七位古人的家训名言，集为《家诫》，刻于石上，从修身、立志、治学、为人、处世等方面告诫子孙，并作短序："我之爱子孙，犹之古人也；爱之而欲勉之以进德而继业，亦犹古人也。与其述己意，毋宁述古人。乃掇古诫子语，书庭之屏，俾出入寓目而加省。"[3] 蒙学著作和蒙学读物的出现，是家训从家族走向社会的标志。蒙学著作和读物，不是针对的一个家族子弟的教育，而是面向整个社会。著作有的是讲训诲儿童的方法和意义，是给教师与家长这些教育者看的；有的是以学规、学则等形式提出的道德伦理与行为规范，是给学生与子弟这些受教育者阅读遵行的。蒙学读物是传播知识的启蒙课本，内容十分丰富，天文地理、鸟兽虫鱼、岁时节令、农桑水利、饮食服饰、制作技艺、文事科名、人伦五服、姓氏称谓、器物用具等，无所不包。蒙学读物的形式也是各不相同，其运用韵对、故事、图画、诗歌、格言、警句、乡谚、歌谣等，读来朗朗上口，便于理解，易于记忆，对于儿童的启蒙教育非常有用，如《三字经》《百家姓》《千字文》，千百年来，代代流传。

其二，从指导思想上来说，家训以儒家思想为指导，主张"修、齐、治、平"相统一，这是一个由家及国的过程。儒家思想由孔子

[1] 徐少锦,陈延斌.中国家训史[M].人民出版社,2011:298.

[2] 徐少锦等.中国历代家训大全(上册)[M].中国广播电视出版社,1993:311.

[3] 王敦琴,蔡鑫桦.张謇〈家诫〉中的家教之道[M].中国纪检监察报,2017-4-10(6).

创立，经孟子发展、荀子集大成，至西汉开始成为我国封建社会思想的正统。儒家主张的"修身、齐家、治国、平天下"是古代家国同构宗法关系和社会模式的反映，是仁人志士施展个人抱负的人格理想与社会理想的统一，也是传统家训教育子女立志成才的准则。"修、齐、治、平"主张从修身开始，由己及彼，由近及远，由小及大，逐步实现从齐家到治国再到平天下的理想抱负。这一思想体现了传统社会家国一体的政治结构，反映了儒家文化的道德张力，是中华民族深厚家国情怀的原动力，是传统家庭教育虔诚信奉和坚定遵循的思想导向。许多家训都体现了这一思想。北宋张载的名言"为天地立心，为生民立命，为往圣继绝学，为万世开太平"，以其宏大的格局和高远的境界，被冯友兰尊为"横渠四句"。意即：读书人通晓万物造化之理，使天道彰显；从物质上丰衣足食，精神上伦理政教，使百姓安身立命；传承弘扬历代圣贤的不朽学说，为千秋万代开创永久太平的伟大事业。张载十分注重对家族子弟和门人学生的教育培养，他秉承这一思想，既留下了思想境界很高的《东铭》《西铭》等学规，也有规范具体言行的"十诫"等家训家规。清代胡林翼的祖父胡显韶，博览经书，人称乡贤公。他曾定下胡氏家训家规10条，第一条就是"团结宗族，捍卫国家，不容有违背涣散之行为"。胡林翼的父亲胡达源，是嘉庆年间的探花，撰有《弟子箴言》，又传下四字家规"端敏恒毅"，即人品端正、思维敏捷、持之以恒、坚忍不拔，勉励儿子"赤心事上，忧国如家"。胡林翼在《致冯礼藩》中叙述了自己为官的心迹："以做百姓之心做官，以治私事之心治官事"[1]，表达了他一心为民、高度负责的态度。

---

[1] 中央纪委监察部网络中心.中国家规[M].中国方正出版社,2017:301.

二、关怀呵护与约束惩戒相统一

这既是家训教育子女的方法，也是家训的一个显著特征。家长与子女的关系是最亲近的血亲伦常，家长对子女的爱也是始终如一、不厌其烦、关怀备至、不求回报的伟大无私的爱。爱之深、教之切的关怀呵护，是亲情的自然流露。家长也多不忍心对自己的骨肉疾言厉色，就像颜之推所说："重于呵怒，伤其颜色，不忍楚挞惨其肌肤耳。"[1] 同时，和谐温馨的家庭环境，也有利于子女的健康成长。清代崔学古在《幼训》一书中提出在家庭教育中实行"爱养"。他认为，在儿童六七岁时，不问智愚，皆应多奖掖鼓励，让他们知道读书的好处，不能视为苦差事。八九岁时，可略用教笞以示威严，或一两月或半年一次，不可多用。十四五岁时，是心性邪正的关键时刻，更需循循善诱，逐渐收拢其顽劣之心。若迫不得已笞责，则要十分谨慎，或者事后好言相劝，使其知悔而改；或者预先请人劝解，预留退路和余地。这样以慈爱为主、惩戒为辅的"爱养"会有水到渠成的教育功效。

关怀呵护绝对不是放纵、娇惯的溺爱，因此一定要结合约束惩戒。司马光就认为："慈而不训，失尊之义；训而不慈，害亲之理。慈训曲全，尊亲斯备。"[2] 从儿童的成长过程来说，一定程度上的严厉也是必要的。儿童天性贪玩，一味地放纵，只能使其玩心难收。另外，家长的严责，甚至体罚，从某种意义上说也是一种挫折教育，一是让其明白不能顽劣不恭，有所忌惮，二是为他们日后离开温情的家庭走向"冷酷"的社会、坦然面对人生的艰辛与挫折，有一个提前适应性的训练。北宋名相寇准，小时候到处惹是生非，常常是架鹰

[1] （南北朝）颜之推. 颜氏家训 [M]. 中华书局,2022:9.

[2] 马镛. 中国家庭教育史 [M]. 湖南教育出版社,1997:222.

走狗,呼啸于乡邻的麦田之间。母亲屡次好言相劝,他都无动于衷。母亲气极,随手抄起身边的秤砣向儿子掷去,正打在寇准的脚上,寇准疼痛难忍,鲜血直流。寇准此时终于醒悟,他望着被气哭的母亲,决心接受教训,痛改前非,做一个好学上进的好孩子。从此以后,寇准真的就改掉了恶习,专心学习,19岁就高中进士。他做官后,母亲已经去世,每次抚摩到脚上的疤痕时,他就会悲痛地哭泣,缅怀母亲的严教之恩,悔恨自己幼时的顽劣无知。寇准母亲的严厉教子虽然是在前期屡次好言相劝而无果的情况下施行的,也可能有些过当,但正是因为她的严厉,才使得儿子幡然醒悟而走上了好学上进的人生之路。

关怀呵护与约束惩戒相统一,体现了教子方式中的"文武之道,一张一弛",既不能溺爱放纵,也不能过分严厉,而是宽猛相济,严慈有节,把握好其中的尺度。

三、目标唯一与方法多样相统一

古之欲明明德于天下者,先治其国;欲治其国者,先齐其家;欲齐其家者,先修其身;欲修其身者,先正其心;欲正其心者,先诚其意;欲诚其意者,先致其知,致知在格物。物格而后知至,知至而后意诚,意诚而后心正,心正而后身修,身修而后家齐,家齐而后国治,国治而后天下平。自天子以至于庶人,壹是皆以修身为本。

《大学》中提出的"修身、齐家、治国、平天下",强调以修身为中心,保持个人道德修养与治国、平天下的一致性和连贯性,是一个由己及人、由近及远的修为过程,是儒家道德论系统化、理论化的标志。这一思想深刻影响着中国传统社会的思想观念,也成为传统家训教育子女的目标。

太史公执迁手而泣曰："余先周室之太史也。自上世尝显功名于虞夏,典天官事。后世中衰,绝于予乎?汝复为太史,则续吾祖矣。今天子接千岁之统,封泰山,而余不得从行,是命也夫,命也夫!余死,汝必为太史;为太史,无忘吾所欲论著矣。且夫孝始于事亲,中于事君,终于立身。扬名于后世,以显父母,此孝之大者。夫天下称诵周公,言其能论歌文武之德,宣周邵之风,达太王王季之思虑,爰及公刘,以尊后稷也。幽厉之后,王道缺,礼乐衰,孔子脩旧起废,论诗书,作春秋,则学者至今则之。自获麟以来四百有余岁,而诸侯相兼,史记放绝。今汉兴,海内一统,明主贤君忠臣死义之士,余为太史而弗论载,废天下之史文,余甚惧焉,汝其念哉!"[1]

司马谈病重时拉着司马迁的手,嘱咐他务必继承先祖遗志,修撰史书,完成自己未竟的事业。并且强调,人的孝道开始于侍奉双亲、孝敬父母,继续发展于忠君报国、尽忠职守,最后阶段就是安身立命、功成名就。《与妻书》是清末黄花岗烈士林觉民写给妻子的绝笔信,感情真切,感人肺腑。他写道:

语云:仁者"老吾老,以及人之老;幼吾幼,以及人之幼"。吾充吾爱汝之心,助天下人爱其所爱,所以敢先汝而死,不顾汝也。汝体吾此心,于啼泣之余,亦以天下人为念,当亦乐牺牲吾身与汝身之福利,为天下人谋永福也。……依新已五岁,转眼成人,汝其善抚之,使之肖我。汝腹中之物,吾疑其女也,女必像汝,吾心甚慰。或又是男,则亦教其以父志为志,则吾死后尚有二意洞在也。

林觉民在信中把夫妻恩爱、家庭幸福和国家前途、人民命运联结在一起,表达了视死如归的大无畏精神和"为天下人谋永福"的博大胸怀,也表达了对子女继承其志向的期望。

---

[1] (汉)司马迁.史记·太史公自序[M].中华书局,2014:3295.

"修、齐、治、平"体现了家训目标的唯一性，而为了达到这唯一的目标，即达到最佳的教育效果，家长不能一味地说教，也不能简单粗暴地棍棒教育，而应在特定的情境下灵活运用多种方法，如前文提到的胎教与早教、环境浸染、言传身教、严慈相济、因材施教等。以上若干方法，往往又结合着语言、文字、实物、实践等具体的形式。

一是语言形式，如面对面的讲解分析、赞扬鼓励、批评斥责、讨论交流等。语言的形式情真意切，语重心长，直抵心扉。语言的形式还有听歌与听训辞。金世宗完颜雍为了使子女不忘女真族纯直、朴实的风俗，常命他们听用女真语演唱的歌赋，使其不忘根本。宋代陆九韶率众子弟到祠堂拜谒先祖后，会击鼓吟诵训词，令子弟虔诚倾听。还有的家族会让子孙念先人遗训、背家训口诀。

二是文字形式。铭，是将训诫内容刻在器物上，以使子孙铭记。《梁书·王褒传》记载："古有盘盂有铭，几仗有诫，进退循焉，俯仰观焉。"诰，以文告形式进行训诫，如周公劝勉康叔的《康诰》《酒诰》。敕，是君主王侯对子臣的告诫，如刘邦的《手敕太子文》、李世民的《帝范》。令，以命令的形式告诫子孙，如曹操的《内诫令》。诫，用于警戒子弟家人的文体，如嵇康的《家诫》。疏，以阐发前言往事的形式教导子弟，如陶渊明的《与子俨等疏》。诗，如陆游的《示儿》。联，用对联的方式教导子弟，如良商义贾家中的对联："泪酸血咸悔不该手辣口甜只道世间无苦海，金黄银白但见了眼红心黑哪知头上有青天"，告诫子孙不要赚黑心钱。法，以赏罚分明的家法形式强制族人遵守的行为准则，如唐代的《陈氏家法三十三条》。书，即书信，如诸葛亮的《与兄瑾言子乔书》，元稹的《诲侄等书》。名，通过取名的方式进行引导，如晋商乔映霞给房屋取名为"不泥古斋""知不足斋""一日三省斋"等。家训著作或文章,系统陈述详尽家训要点,如颜之推的《颜氏家训》、朱柏庐的《治家格言》。

三是实物形式。首先,展示有教育意义的物品。如五代时后唐大将符存审久经沙场,中箭百余次,他把这些箭头都保存起来让子女观看,告诫他们今天的富贵生活来之不易,是用命换来的,要好好珍惜。其次,饮水思源。李世民在太子李治将要吃饭时,告诉他"谁知盘中餐,粒粒皆辛苦"的道理,告诫他以农为本。最后,折筷喻理。吃饭时,让子弟能否折断筷子说明兄弟团结、家族和睦的重要性。

四是实践锻炼。让子弟深入社会参加锻炼,体验人情世故,磨炼心性,增长才干。如曹操让子侄外出担任官职,梁启超让子女出国留学。

四、言辞说教与行为示范相统一

言辞说教与行为示范的统一,就是以身作则,率先垂范。孔子云:"其身正,不令而行;其身不正,虽令不从。"明代吕坤在《呻吟语·伦理》中写道:"一家之中,要看得尊长尊,则家治,若看得尊长不尊,如何齐他得?其要在尊长自修。"康熙帝在《庭训格言》中也强调,要训示管理他人,自己需要先做到才行:"训曰:凡人有训人治人之职者,必身先之可也。《大学》有云:'君子有诸己而后诸人,无诸己而后非诸人。'特为身先而言也。"[1]西汉大臣石奋,位列九卿,食禄二千石,四个儿子皆官至二千石,因此号称万石君,其家风"孝谨"。其家风的形成,跟石奋日常行为的示范表率有直接的关系。据《史记·万石张叔列传》记载,他退休以后,每次路过宫门城阙,一定要下车,轻步疾走而过,以示对朝廷的尊重。儿孙来

---

[1] 徐少锦等.中国历代家训大全(上册)[M].中国广播电视出版社,1993:390.

看望他，哪怕是品阶很低的官员，石奋也一定穿戴好朝服以礼相见，而且不直呼他们的名字。子孙有过失，他不去大声责骂，而是在饭桌上不吃饭，让他们自己反省。受父亲的影响，石奋的两个儿子不论在家中还是在朝廷都非常恭敬谨慎，窦太后也很赞赏石奋这种"不言而恭行"的教子风格。

言辞说教与行为示范的统一，也是要言而有信，前后一致，表里如一。据张伯行《养正类编·小学》记载，北宋理学家程颐、程颢二人指出，家长的日常行为对幼儿的成长有深刻的影响，不要认为幼儿没有记性，其实都是看在眼里记在心里。如果家长的说教与自己的行为不能前后一致，那就达不到教育的效果。他们以养犬为例论证：主人不愿意让家犬进入厅堂，每要进门时就将它打出去。可如果前脚将它打出门，后脚又唤它进来喂食，这样即使每天打犬百遍，它也不会记住不能进入厅堂的警告。

五、学无止境与终身施教相统一

"活到老，学到老。"一个人出生以后，从小到大，一直到老，都要不断学习知识和技能，不断补充新鲜血液，这样才能不断适应发展变化的社会环境，而不至于被社会淘汰。反之，家长对子女的教育，也是"活到老，教到老"，从胎教到早教，从蒙学到科考，从读书到立业，从修身到治家，涉及从小到大的方方面面。《诗经·大雅·抑》就是一个鲜活的例子。该诗是卫武公箴戒周平王宜臼之作。卫武公是周朝的元老，历经厉王、宣王、幽王、平王四朝，目睹了厉王流放、宣王中兴和幽王覆灭。周平王在位时，他已八九十岁，看到自己扶持的平王不思进取，不禁忧愤不已，写下了这首诗。诗的后半部分，言辞恳切，生动形象，既是忧虑，也是期望：

於乎小子，未知臧否。匪手携之，言示之事。

匪面命之，言提其耳。借曰未知，亦既抱子。

民之靡盈，谁夙知而莫成？

昊天孔昭，我生靡乐。视尔梦梦，我心惨惨。

诲尔谆谆，听我藐藐。匪用为教，覆用为虐。

借曰未知，亦聿既耄。

译文：可叹小子太年轻，不知好歹与重轻。非但搀你互谈心，也曾教你办事情。非但当面教导你，还拎你耳要你听。假使说你不懂事，也已抱子有儿婴。为人能够不自满，有谁早慧却晚成？苍天在上最明白，我生此时不畅快。看你不明事理样，我心烦闷又悲哀。反复耐心教导你，你既不听也不睬。不知教你为你好，反当笑话来看待。如果说你不懂事，怎会骂我是老迈。

《礼记·冠义》道："已冠而字之，成人之道也。""成人之者，将责成人礼焉也。责成人礼焉者，将责为人子、为人弟、为人臣、为人少者之礼行焉。将责四者之行于人，其礼可不重与？故孝弟忠顺之行立，而后可以为人；可以为人，而后可以治人也。"古代将冠礼视为人生礼仪之始，冠礼之后，就要用成人的规范要求自己，要为人父为人母，有了组建家庭和教育晚辈的责任，男子还要参加社会活动，知道"为人臣"之礼。有了这种对家庭和社会的责任感，必然会注重自我修养和自我约束，注重自我教育。这也是家长对子女从未成年到成年的教育。成年以后就要自立了，就要时刻提醒自己不再是一个孩子了，衣冠要整齐，举止要端庄。《太公家教》说："少为人子，长为人父，出则敛容，动则庠序，敬慎口言，终身无苦。"子女成人礼之后，家长就要考虑婚嫁择偶的事情了。《韩诗外传》说："十九见志，请宾冠之，足以成其德。血脉澄静，娉内以定之。"即儿子19岁举行冠礼后，已是血气方刚的男儿，就应为他娶妻成家，使生活安定下来。传统家训中也有不少关于儿女婚配的教诲。颜之推认为："婚姻素对，靖侯成规。近世嫁娶，遂有卖女纳财，买妇输绢，比量父祖，计较锱铢，责多还少，市井无异。或猥婿在门，或傲妇擅室，贪荣求利，反招羞耻，可不慎欤！"[1] 男女婚配要选择清白人家，不要考虑对方的金钱或权势。司马光认为："凡议婚姻，当先察其婿与妇之性行及家法如何，勿苟慕其富贵。"清代卢文弨在《注〈颜氏家训〉序》中说："士少而学问，长而议论，老而教训，斯人也，其不虚生于天地间也乎。"传统家训中，只要父母或长辈健在，就对子孙教育负责到底。等到成家生子，受教育者同时也成为了教育者。

六、言简意赅与长篇大论相统一

家训篇幅的长短，视家训形式而论。

诫子书、遗训多是书信、短文、短诗，宗规族诫多是条文条目，篇幅一般较短。如曾国藩祖父的遗训"考宝早扫，书蔬鱼猪"，只有八个字，但却切中要害，字字千钧。由于家教家风的不同，家训也会呈现不同的风格。古往今来家训不计其数，但其中鞭辟入里、发人深省的家训名言，则广为传颂。如《论语》中的"不学诗，无以言；不学礼，无以立"，刘备《遗诏敕刘禅》中的"勿以恶小而为之，勿以善小而不为"，诸葛亮《诫子书》中的"淡泊明志，宁静致远"，韩愈《进学解》中的"业精于勤荒于嬉，行成于思毁于随"，欧阳修《学记》中的"玉不琢，不成器；人不学，不知道"，范仲淹《岳阳楼记》中的"先天下之忧而忧，后天下之乐而乐"，司马光《训俭示康》中的"由俭入奢易，由奢入俭难"，吕祖谦《官箴》中的"当官之法，唯有三事，曰清，曰

---

[1] （南北朝）颜之推.颜氏家训[M].中华书局,2022:43.

慎,曰勤",顾炎武《日知录》中的"天下兴亡,匹夫有责",朱柏庐《治家格言》中的"一粥一饭,当思来处不易;半丝半缕,恒念物力维艰",林则徐《赴戍登程口占示家人》中的"苟利国家生死以,岂因祸福避趋之"等。

家训著作、蒙学读物往往洋洋洒洒,论述全面细致,篇幅较长。如颜之推的《颜氏家训》共七卷二十篇 33000 余字,司马光的《家范》共 10 卷 19 篇,袁采的《袁氏世范》共 3 卷 187 则,浙江浦江的《郑氏规范》是宗规族诫中的大部头,共 168 则,康熙帝的《庭训格言》共 246 则。蒙学读物中的《三字经》1145 字,《百家姓》568 字,《千字文》1000 字,《弟子规》1080 字。

七、历史特性与时代价值相统一

一方面,传统家训的很多思想和观念,如天下兴亡、匹夫有责的担当意识,精忠报国、振兴中华的爱国情怀,崇德向善、见贤思齐的社会风尚,孝悌忠信、礼义廉耻的荣辱观念,自强不息、敬业乐群、扶危济困、见义勇为、孝老爱亲的传统美德,求同存异、和而不同的处世方法,文以载道、以文化人的教化思想,俭约自守、中和泰和的生活理念等,虽然历经千年的岁月流逝和社会变更,但仍然具有强劲的生命力和永恒的价值,对我们提高品德修养、创造幸福生活、建设和谐社会均具有重要的指导意义。这些,是需要我们认真传承、弘扬和发展的。

另一方面,传统家训中的一些思想由于历史和阶级的局限性,是保守、消极、腐朽和落后的。此类的思想主要表现在以下五个方面。

第一,愚忠愚孝、尊卑贵贱的封建思想。如明代曹端《家规辑略》中说:"子受长上苛责,不论是非,但当俯首默受,毋得分理。"鲁迅在《朝花夕拾·二十四孝图》中就批评了"二十四孝"中"埋儿奉母"的故事:"我最初实在替这孩子捏一把汗,待到掘出黄金一釜,这才觉得轻松。然而我已经不但自己不敢再想做孝子,并且怕我父亲去做孝子了。家景正在坏下去,常听到父母愁柴米;祖母又老了,倘使我的父亲竟学了郭巨,那么,该埋的不正是我吗?"

第二,听天由命、因果报应的迷信思想。《颜氏家训》中也有相关的表述:"君子当守道崇德,蓄价待时,爵禄不登,信由天命。"[1]陆九韶在《居家正本》中也说:"富贵贫贱自有定分。"

第三,明哲保身的处世哲学。《颜氏家训》中提到:"铭金人云:'无多言,多言多败;无多事,多事多患。'至哉斯戒也!"[2]

第四,鄙视体力劳动和工商技艺的剥削阶级思想。《颜氏家训》提道:"自荒乱以来,诸见俘虏,虽百世小人,知读《论语》、《孝经》者,尚为人师;虽千载冠冕,不晓书记者,莫不耕田养马,以此现之,安可不自勉耶?若能常保数百卷书,千载终不为小人也。"[3]

第五,男尊女卑、从一而终的封建伦理。清代节妇王刘氏在《女范捷录·贞烈篇》中写道:"忠臣不事两国,烈女不更二夫。故一与之醮,终身不移。男可重婚,女无再适。"[4]对此,我们要严格区分,去粗取精,去伪存真。

传承传统家训,不能复古泥古,也不能简单否定,要注意分析和鉴别,哪些可以直接继承,哪些可以分情况、分场合地继承,哪些需要补充完善后才能继承,哪些完全不能继承。同时,传统家训

---

[1] (南北朝)颜之推. 颜氏家训 [M]. 中华书局,2022:187.

[2] (南北朝)颜之推. 颜氏家训 [M]. 中华书局,2022:182.

[3] (南北朝)颜之推. 颜氏家训 [M]. 中华书局,2022:99.

[4] 徐少锦等. 中国历代家训大全(上册)[M]. 中国广播电视出版社,1993:429.

还要适应新环境、顺应新时代、激发新活力，实现从传统到现代的华丽转身。

八、传承积累与创新发展相统一

从春秋的百家争鸣到西汉的独尊儒术，从魏晋南北朝的三教合一到唐代的儒学复兴，从宋代的程朱理学到宋明的陆王心学，从明末清初三大家对传统儒学的批判继承，到清末的自强、维新与革命，在长期的社会发展进程中，主流思想代代传承，不断丰富和完善，又不断扬弃和革新。在这个过程中，传统家训根据社会形势的变化，不断做出调整和发展。

在西周时的分封制下，家长对子弟的教育主要是注重维护尊卑长幼的礼制规范。《史记·鲁周公世家》记载，周公在儿子伯禽去鲁国就封之前，嘱咐道："我，文王之子，武王之弟，成王之叔父，我于天下亦不贱矣。然我一沐三捉发，一饭三吐哺，起以待士，犹恐失天下之贤人。子之鲁，慎无以国骄人。"教导儿子要礼贤下士，不可因为自己是一国之主，就对人傲慢无礼。废分封置郡县之后，赏罚不看出身，看功绩与贡献，贪赃行贿的现象渐渐出现，学文习武以求富贵，"责子受金""苟得"成为家训的新内容。魏晋南北朝，门阀士族盛行，为了保持门第兴旺，家学受到空前重视。颜之推在家训中写道："士君子之处世，贵能有益于物耳，不徒高谈虚论，左琴右书，以费人君禄位也。国之用材，大较不过六事：一则朝廷之臣，取其鉴达治体，经纶博雅；二则文史之臣，取其著述宪章，不忘前古；三则军旅之臣，取其断决有谋，强干习事；四则藩屏之臣，取其明练风俗，清白爱民；五则使命之臣，取其识变从宜，不辱君命；六则兴造之臣，取其程功节费，开略有术；此则皆勤学守行者所能办也。人性有长短，岂责具美于六涂哉？但当皆晓指趣，能守一职，便无愧耳。"[1] 这一段经世致用、希望子孙成为国家有用之才的论述是可以肯定的，但我们也能从中看到颜之推名门士族的立场和学而优则仕的人生观。隋唐以来，科举取士成为穷苦人家改变命运的阶梯，刻苦攻读成为无数家训的重中之重。唐代孟郊在《登科后》中，用明朗畅达而又别有情韵的语言，描绘了他高中进士以后可以从此青云直上、龙腾虎跃而满心按捺不住的得意与欣喜：

> 昔日龌龊不足夸，今朝放荡思无涯。
>
> 春风得意马蹄疾，一日看尽长安花。

宋元以来，针对官僚腐败现象，廉洁奉公成为仕宦家训中常见的言辞。范仲淹在《告诸子及弟侄》中写道："莫纵乡亲来部下兴贩，自家且一向清心做官，莫营私利。"[2] 北宋名臣贾昌朝在《戒子孙》中提到，为官从政"清廉为最"[3]。北宋中期起，随着商品经济的发展，一些人弃儒从商，至明清时期，逐渐形成了一批世代相传的富商大贾。他们的家训，就会自然地倾向于经商兴业。安徽徽州胡雪岩是晚清著名的商人，徽商中的翘楚，他留下五字商训：

> 天、地、人、神、鬼。天为先天之智，经商之本；地为后天修为，靠诚信立身；人为仁义，懂取舍，讲究君子爱财，取之有道；神为勇强，遇事果敢，敢闯敢干；鬼为心机，手法活络，能翻手为云，覆手为雨。[4]

近代以来，我国逐渐落后于时代，有条件的有识之士，摒弃传统家训中的腐朽思想，积极送子女出国留学，学习西方先进的思想

[1]（南北朝）颜之推.颜氏家训页[M].中华书局,2022:175.

[2] 中国地方志指导小组办公室.中华家训精编100则[M].方志出版社,2015:134.

[3] 曾枣庄,刘琳主编.全宋文页——卷四八一[M].巴蜀书社,1988:70.

[4] 杨威,罗夏君.中华传统家训精粹[M].教育科学出版社,2020:253.

和文化科技。李鸿章认识到国家落后的原因，在于墨守成规、鄙视工商，他在给儿子的家书中这样写道："年来国事日非，吾等执政，虽竭力谋强盛，然未见效，深为可叹。国人思想受毒根深，忽然一旦变化，固非易事，然受外人之凌辱，国人未能反省，非愚且钝乎？受人凌辱之原因，莫外乎不谙世事，墨守陈法，藏身于文字之间而卑视工商。岂知世界文明，工商业较重于文字。窥东西各国之强盛，无独不然。"[1]

第六节 中华优秀传统家训的深远影响

一、培养了各行各业层出不穷的杰出人才

正是传统家训的立志高远和家长对子女贯穿始终的严格要求和悉心教育，才为国家和社会培养出了那么多的杰出人才。孟母为了给儿子的学习进步创造一个积极的环境，不惜三次搬迁，这才为孟子以后的成才打下了坚实的基础，成就了儒学思想大家、"亚圣"孟子。司马谈临终训子，司马迁不辱父命，十四年历尽千辛万苦，这才有了煌煌52万字、"究天人之际，通古今之变，成一家之言"的中国第一步纪传体通史《史记》。王献之跟随父亲王羲之学习书法，得其笔法，后又学习张芝，在此基础上，对前人书法进行大胆变革，创造出了一种不拘六书规范、省并点画曲折、务求简易流便的"破体"，后人将王献之与其父并称"二王"。北宋程氏相夫教子，苏洵的文章说古论今，纵横评说，长于分析，气势雄浑。儿子苏轼是伟大的文学家。他的诗意境新、笔力壮、变化多；他是宋代词坛豪放派的创始人，词作视野开阔，想象丰富，笔力奔放，雄健豪迈；他的散文代

---

[1] 《清代四名人家书·示文儿》第174页，见《近代中国史料丛刊》第63辑，第624册。

表了北宋文学的顶峰。儿子苏辙的文章汪洋澹泊,深醇温粹。苏洵(老苏)、苏轼(大苏)、苏辙(小苏)合成"三苏",他们完成了宋代文学革新,使宋代文学成为唐代文学后的又一个高峰。"三苏"一家占据唐宋八大家三个席位,其辉煌的成就在中国文学史上前无古人、后无来者,被誉为"一门父子三词客,千古文章四大家"。岳飞是南宋著名的抗金英雄,他年少时,其母在其背上刺了"精忠报国"四个字,教育儿子尽心尽力地报效国家。岳飞牢记教诲,带领岳家军勇猛杀敌,使金兵闻风丧胆,"撼山易,撼岳家军难"的评语就是当时的真实写照。岳飞的长子岳云12岁从军,随父亲征战四方,身先士卒,屡建奇功。其余四个儿子,或文或武,不辱岳门。明代著名医药学家李时珍的祖父、父亲均是医生,受祖、父悬壶济世的耳濡目染,李时珍30岁时就成为当地名医。在研读典籍的过程中,李时珍发现当时的本草著作存在很多问题,如不加以及时纠正,轻者贻误病情,重者危及生命,于是他决心重修本草。历时27年,李时珍终于完成了192万字的巨著《本草纲目》,成为当时最系统、最完整、最科学的一部医药学著作,为中国药物学的发展做出了重大贡献,也对世界医药学、植物学、动物学、矿物学、化学的发展产生了深远的影响,被誉为"东方医药巨典"。

二、推动了宗族的绵延稳定与发展

宗族由若干具有亲近的血缘关系的家庭组成。同一宗族的成员具有共同的祖先,共同的姓氏,共同的宗庙,在一定意义上又有共同的财产,同受宗法制度的约束,参加共同的祭祀,死后葬于共同的墓地。宗族制度是中国古代基层社会的基石,族规作为家训的一种形式,是家风家教的直接体现,也是家族保持长久兴旺发达的制度保障。《礼记·大传》载："人道亲亲也,亲亲故尊祖,尊祖故敬宗,敬宗故收族。"古代通过修家谱、建宗祠、置族田、立族长、定族规,实现了尊祖敬宗收族。

在我国传统社会,一个家族如果累世同居而被朝廷立牌坊赐匾额表彰,可称"义门"。历史上受到表彰的"义门"中,如果达到五世甚至七世就已经非常可贵了。而浙江浦江的郑义门,历经宋、元、明三个朝代,合族聚居十五世 360 余年,出任七品以上官员者 173 人,被明太祖朱元璋亲赐为"江南第一家"。郑氏先人从第五世郑德璋开始制定治家准则,在此基础上,其子郑文融形成 58 条家训。明初,八世郑涛等人继续修订补充,最终整理出 168 条,这就是完整的《郑氏规范》。《郑氏规范》设立了 18 个管理职位,由 26 人担任,共同管理家族事务。另外还设"监视"一职,专门监督这些管理人员。《郑氏规范》规定,凡郑氏家族子孙,必须有福同享,有难同当,成年男子要从事稼穑、畜牧、园艺等劳动,在外为官经商者,所有收入一律上交祠堂。凡郑氏儿童,5 岁开始学礼,8 岁进家塾读书,12 岁可外出读书,21 岁时,如取得功名可继续学习,否则就得回来参加家族的生产活动。立身以孝悌为要,治家要以身作则,处世当诚恳朴实,生活要崇尚节俭,为官务清廉勤政,乡邻要体恤贫穷。《郑氏规范》是中国传统家训的重要里程碑,它在治家、教子、修身、处世等方面的训诫,映射出中国古代宗族制度的演变历程,表达了儒家礼仪美德治家的功能样态,也自然地推动了郑氏家族的绵延与发展。

三、传承了以儒学为核心的传统文化

传统家训以儒家思想为指导,主张"修齐治平"相统一,内容以"修

身、治家、立业"为核心。因此，传统家训的传授过程，基本上等同于儒家思想的宣传与传承过程。同时，由于儒家思想是整个封建社会的正统，历朝历代的贤人名士基本都是儒家思想的信奉者和遵从者，后世通过家训教育子女时以他们为榜样，这也在无形中起到了传承儒家文化的作用。

北宋史学家司马光所作《家范》，曾被封建士大夫阶层推崇为家教范本。该书一共10卷19篇，儒家经典中的纲常伦理贯穿全书。卷一"治家"引用了孔子等关于君义臣行、父慈子孝、兄友弟恭、夫和妻贤、故慈妇听的有关论述，列举了季康子等人正反两方面的事例。卷二"祖"指出，圣人给子孙的遗产是德和礼，贤人给子孙的遗产是廉与俭，并列举了孙叔敖、萧何等人不重遗财而重遗德的事例。卷三"父、母"引用了《周礼》等有关语录和孔子等人的事迹，列举了周大任娠文王、孟母三迁等母亲教子事例。卷四"子上"、卷五"子下"引述了《孝经》等关于孝道的论述，列举了宋武帝等孝子的事迹。卷六"女、孙、伯叔父、侄"引用了《周礼》等著作的论述，列举了邓皇后等人的事迹。卷七"兄、弟、姑姊妹、夫"阐述了兄友弟恭、姊妹和睦、夫妻"以敬为美"的道理。卷八"妻上"、卷九"妻下"引用《周礼》等书论述，辑录了40多位"贤妻"的事迹。卷十"舅甥、舅姑、妇、妾、乳母"引述《周礼》《礼记》《女诫》《诗经》等论述，阐述各自的行为准则。作为封建地主阶级思想家，司马光在《家范》中一方面宣扬了"三纲五常""三从四德"的封建伦理道德观念，这些糟粕需要清除，另一方面，也传播了关于严格教子、勤俭持家、和待乡曲等处理家庭关系和修身处世的正确观点。

四、维护了封建社会的统治秩序

封建社会的宗法制使得家与国紧密相连，不可分割。因此，对父母的孝和对君主的忠在本质上是一致的。这种移孝作忠、忠孝一本的观念，是自然经济下家训的重要内容。向子弟灌输孝亲敬长、忠君报国被提到至高无上的位置，忠孝两全成为理想人格的典范。在传统家训教导下成长起来的忠臣烈士、贤臣廉吏、名士鸿儒，以至高无上的道德标准践行着理想人格的实现路径，捍卫着封建社会的统治秩序。

晚清重臣张之洞，曾任两广总督、湖广总督、军机大臣等职，是洋务派的代表人物之一。他提出的"中体西用"思想主张，是对洋务派和早期改良派基本纲领的一个总结和概括。在此思想指导下，社会上提出了超越传统产业结构的思想主张，后将西学的视野从器物层面转向了政治制度层面，这促使其成为清末新政的主角。张之洞主张开办了京师大学堂，强调师范教育，后与张百熙主持制定新学制，时称"癸卯学制"，这是中国教育史上第一个正式颁布的学制，奠定了中国现代学制的基石。张之洞以身作则教育子女。1860 年第一个儿子出生后，他写下《续辈诗》，作为张家自他之后二十代子孙的排名依据：仁厚遵家法，忠良报国恩。通津为世用，明道守如珍。这首诗也成为子孙后代为人处事的准则。在《致儿子书》中，张之洞告诫道："父母爱子，无微不至，其言恨不一日离汝，然必令汝出门者，盖欲汝用功上进，为后日国家干城之器、有用之才耳。"临终时，张之洞立下遗嘱："兄弟不可争产，志须在报国，勤学立品；君子小人，要看的清楚，不可自居下流。"[1]

---

[1] 中央纪委监察部网络中心.中国家规[M].中国方正出版社,2017:331.

第三章　中华优秀传统家训融入大学生日常思想政治教育的时代价值

第一节 中华优秀传统家训历久弥新

一、家国一体的情怀

家国一体的情怀不仅是传统家训的精髓，也是传统文化的精髓。家国情怀最早可以追溯至西周的分封制。《诗经·小雅》云："溥天之下，莫非王土；率土之滨，莫非王臣。"天子即天下，诸侯即列国，公卿代表采邑，传统社会通过自上而下的分封组成了血缘关系与政治利益的共同体。他们之间既是亲属，也是君臣，好像一个庞大的家庭。春秋战国，古代的典章制度受到破坏，"家国一体"却得以在全新大一统的秦汉政治体制中实现更新，孝亲忠君的观念更加深入人心。孟子云"天下之本在国，国之本在家，家之本在身"，诠释了家国一体的理念。《孝经·开宗明义》云"夫孝，始于事亲，中于事君，终于立身"，将忠君视为孝的升华。《荀子·礼论》云"使生死终始若一，一足以为人愿，是先王之道，忠臣孝子之极也"，将孝子与忠臣并列作为往圣先王确定的重要道德标准。《韩非子·忠孝》云"臣事君，子事父，妻事夫，三者顺则天下治，三者逆则天下乱，此天下之常道也"，强调了忠孝对于天下治理的重要性。汉武帝开始实行的"独尊儒术"政策构筑了后来两千年中国传统社会的主流意识形态，国家的君臣之道与宗族中的父子、夫妇伦理高度同构，封建王朝的政治关系成为家族关系的放大。汉代从惠帝开始，将"孝悌力田"作为选拔官吏的科目之一，名义上是奖励有孝悌的德行和能努力耕作者。中选者经常受到赏赐，并免除一切徭役。汉朝在刘邦之后，皇帝（光武帝除外）的谥号也都含有"孝"字。《汉书·惠帝纪》注云："孝子善述父之志，故汉家之谥，自惠帝已下皆称孝也。"在家国同构现实基础上产生的家国一体的情怀，不但是历代仁人志士实现人生崇高理想的路径，也成为传统王朝社会治理的基本模式。《大学》有言："身修而后家齐，家齐而后国治，国治而后天下平。"正是几千年来中国传统思想政治文化不断传承发展，家国一体的情怀才不断被弘扬与光大。中华文明在何处，家国情怀就在哪里。从屈原的"长太息以掩涕兮，哀民生之多艰"，到霍去病的"匈奴未灭，何以家为"；从曹植的"捐躯赴国难，视死忽如归"，到杜甫的"剑外忽传收蓟北，初闻涕泪满衣裳"；从范仲淹的"先天下之忧而忧，后天下之乐而乐"，到陆游的"死去元知万事空，但悲不见九州同。王师北定中原日，家祭勿忘告乃翁"；从顾炎武的"天下兴亡，匹夫有责"，到林则徐的"苟利国家生死以，岂因祸福避趋之"，无不是生动写照。

明代袁了凡在《训子言》中嘱咐儿子报效国家、也造福家人："远思扬祖宗之德，近思盖父母之愆；上思报国之恩，下思造家之福；外思济人之急，内思闲己之邪。"[1]浙江浦江的《郑氏规范》对出仕为官者做了详细的交代："子孙倘有出仕者，当蚤夜切切，以报国为务。抚恤下民，实如慈母之保赤子。有申理者，哀矜恳恻，务得其情，毋行苛虐。又不可一毫妄取于民。若在任衣食不能给者，公堂资而勉之。其或廪禄有余，亦当纳之公堂，不可私于妻孥，竞为华丽之饰，以

---

[1] 徐少锦等.中国历代家训大全（上册）[M].中国广播电视出版社,1993:262.

起不平之心。违者，天实临之。"[1]

国与家是命运与共、息息相关的。国家繁荣昌盛，则人民安居乐业；国家战乱频仍，则人民流离失所。从历代的诗词作品中，我们也可以看到家国一体情怀的抒发。唐代杜甫的《忆昔》描写了开元盛世富足祥和的太平景象：

忆昔开元全盛日，小邑犹藏万家室。稻米流脂粟米白，公私仓廪俱丰实。

九州道路无豺虎，远行不劳吉日出。齐纨鲁缟车班班，男耕女桑不相失。

宫中圣人奏云门，天下朋友皆胶漆。百馀年间未灾变，叔孙礼乐萧何律。

《春望》则描写了因安史之乱造成国家的满目疮痍和百姓的苦不堪言：

国破山河在，城春草木深。

感时花溅泪，恨别鸟惊心。

烽火连三月，家书抵万金。

白头搔更短，浑欲不胜簪。

南唐后主李煜是一国之君，他的家就是国，国就是家，其词作《破阵子·四十年来家国》，描写了国破家亡的凄惨与心酸：

四十年来家国，三千里地山河。

凤阁龙楼连霄汉，玉树琼枝作烟萝，几曾识干戈？

一旦归为臣虏，沈腰潘鬓消磨。

最是仓皇辞庙日，教坊犹奏别离歌，垂泪对宫娥。

家国一体的情怀，强调个人修身、家族兴旺、国家昌盛的一体

[1]　石孝义.中华历代家训集成——明卷：夫学，莫先于立志[M].河海大学出版社,2021:16.

化，既与自立自强、行孝尽忠、乡土观念、民族精神、爱国主义等思想息息相关，又是对这些思想的超越和发展，在提高现代社会的公民意识、建设美满的幸福家庭、增强中华民族凝聚力等方面都有重要的时代价值。家国一体的情怀，以家训的传承和家风的形成为开端，从正心诚意、修身齐家，到治国、平天下，将自己的人生追求与国家的宏伟愿景相结合，在个人的成长成才中强化道德追求和理想抱负，在优良家风的传承中筑牢责任意识和担当精神，在家庭义务和社会责任的践行中实现民族复兴、世界大同。

二、为人处世的规范

孝悌忠信、勤俭谦虚、见贤思齐、敬业乐群、扶危济困，这些为人处世的基本规范，为历代家训所重视。

西晋王祥在《训子孙遗令》中指出做人的立身之本是信、德、孝、悌、让："夫言行可覆，信之至也；推美引过，德之至也；扬名显亲，孝之至也；兄弟怡怡，宗族欣欣，悌之至也；临财莫过于乎让。此五者，立身之本。"[1]明代姚舜牧在《药言》中开宗明义地指出："孝悌忠信，礼义廉耻，此八字是八个柱子，有八字始能成宇，有八字始克成人。"后文接着论述"居家切要，在'勤俭'二字"[2]。勤俭同样是历代家训的重要内容。勤可分为劳作上的勤快和不懈的进取精神，俭可分为用财上的节俭和生活中的淡泊习惯。勤可以成业，俭可以养德。司马光在《训俭示康》中以自己的亲身经历和古今典型事例谆谆教导儿子，"俭能立名，奢必自败"，"由俭入奢易，由奢入俭难"。谦虚是一种美德，也是一种修行。周公教育儿子伯禽的六种"谦德"，至今

---

[1] 中国地方志指导小组办公室.中华家训精编100则[M].方志出版社,2015:97.

[2] 马镛.中国家庭教育史[M].湖南教育出版社,1997:353.

仍有警示意义："吾闻德行宽裕,守之以恭者,荣;土地广太,守之以俭者,安;禄位尊盛,守之以卑者,贵;人众兵强,守之以畏者,胜;聪明睿智,守之以愚者,哲;博闻强记,守之以浅者,智。夫此六者,皆谦德也。"[1] 颜之推在《颜氏家训》中专门开辟"慕贤"一篇,强调交游要有选择,要向贤者看齐:"与善人居,如入芝兰之室,久而自芳也。与恶人居,如入鲍鱼之肆,久而自臭也。"[2] 朱熹在给儿子的信中嘱咐,只要是有益的,就一定要学习吸取:"见人嘉言善行,则敬慕而纪录之。见人好文字胜己者,则借来熟看,或传录之,而咨问之,思与之齐而后已。不拘长少,惟善是取。"[3]《颜氏家训》还专门论述了资身有术、有所专长,不管从事哪个行业,都要热爱本职工作:"人生在世,会当有业。农民则计量耕稼,商贾则讨论货贿,工巧则致精器用,伎艺则沉思法术,武夫则惯习弓马,文士则讲议经书。"[4] 扶危济困、乐善好施、和睦乡邻是劝人为善的基本要求,也是"穷则独善其身,达则兼济天下"的基本标准。北宋欧阳修在为其父母之墓写的碑文《泷冈阡表》中陈述了其母博爱苍生、仁厚于心的教诲:"利虽不得博于物,要其心之厚于仁。"[5] 清代蒋伊在《蒋氏家训》中就反复强调:"不得逼迫穷困人债负及穷佃户租税,须宽容之。终于贫不能还者,焚其券。""积谷本为防饥,若遇饥荒,须量力济人。""家人不许生事,扰害乡里。轻则家法责治,重则送官究惩。"[6]

[1] 朱维铮.尚书大传(中国经学史基本丛书)[M].上海书店出版社,2012:74.

[2] (南北朝)颜之推.颜氏家训[M].中华书局,2022:88.

[3] 中国地方志指导小组办公室.中华家训精编100则[M].方志出版社,2015:295.

[4] (南北朝)颜之推.颜氏家训[M].中华书局,2022:97.

[5] 中国地方志指导小组办公室.中华家训精编100则[M].方志出版社,2015:171.

[6] 徐少锦等.中国历代家训大全》(上册),中国广播电视出版社,1993:422.

社会主义核心价值观中的爱国、敬业、诚信、友善是公民个人层面的价值准则，这些准则与传统家训所倡导的孝悌忠信、勤俭谦虚、见贤思齐、敬业乐群、扶危济困等为人处世的规范是一脉相承的。培育和践行社会主义核心价值观，也就是传承、弘扬和发展中华优秀传统道德规范。

三、自立自强的操守

自立，就是要有脱离父母独立生存的能力；自强，就是要有高远的志向和矢志不渝的韧劲。北宋王安石说过："不患人之不能，而患己之不勉。"传统家训在教育子女及早自立的同时，也希望子女能自强不息而有所成就。西汉司马谈临终之时，谆谆教导儿子司马迁："为太史，无忘吾所欲论著矣。且夫孝始于事亲，中于事君，终于立身。扬名于后世，以显父母，此孝之大者。……今汉兴，海内一统，明主贤君忠臣死义之士，余为太史而弗论载，废天下之史文，余甚惧哉，汝其念哉。……昔西伯拘羑里，演《周易》；孔子厄陈、蔡，作《春秋》；屈原放逐，著《离骚》；左丘失明，厥有《国语》；孙子膑脚，而论兵法；不韦迁蜀，世传《吕览》；韩非囚秦，《说难》《孤愤》；《诗》三百篇，大抵贤圣发愤之所为作也。此人皆意有所郁结，不得通其道也，故述往事，思来者。"[1]司马谈希望儿子继承祖业，完成一部不朽的历史著作。司马迁含泪立誓，绝不懈怠。此后，司马迁虽遭宫刑，身体和精神受到极大打击，仍然以坚韧不拔的意志和奋斗不息的精神，完成了史学巨著《史记》。明代徐媛面对儿子将近20岁仍然无所成就而焦虑不已，她教育儿子要发愤图强、立志成才："儿年几弱冠，懦怯无为，于世情毫不谙练，深为尔忧之。男子昂藏六

---

[1]（汉）司马迁.史记.中华书局,2014:3295.

尺于二仪间，不奋发雄飞而挺两翼，日淹岁月，逸居无教，与鸟兽何异？将来奈何为人？慎勿令亲者怜而恶者快！兢兢业业，无怠夙夜，临事须外明于理而内决于心。钻燧取火，可以续朝阳；挥翮之风，可以继屏翳。物固有小而益大，人岂无全用哉？"[1]清代左宗棠在写给儿子的家书中，反复告诫远离官宦习气、尽早自食其力："吾积世寒素，近乃称巨室。虽屡申儆不可沾染仕宦积习，而家用日增，已有不能樽节之势。我廉金不以肥家，有余辄随手散去，尔辈宜早自为谋。"[2]

从《周易》的"天行健，君子以自强不息"，到《道德经》的"胜人者有力，自胜者强"；从孔子的"三军可夺帅也，匹夫不可夺志也"，到孟子的"穷则独善其身，达则兼济天下"；从曹操的"老骥伏枥，志在千里。烈士暮年，壮心不已"，到王勃的"老当益壮，宁移白首之心？穷且益坚，不坠青云之志"；从李白的"仰天大笑出门去，我辈岂是蓬蒿人"，到李清照的"生当作人杰，死亦为鬼雄"；从郑板桥的"千磨万击还坚劲，任尔东西南北风"，到林则徐的"海到尽头天作岸，山登绝顶我为峰"……自古以来，自立自强的操守一直鼓舞着人们不依赖他人，不安于现状，不向困难低头，百折不挠，勇往直前。这是中华优秀传统文化的风骨，也是新时代青年人应有的风貌。

四、家庭教育的垂范

传统家训中涉及很多教育子女的有益方法，如早教、环境育人、言传身教、严慈相济、因材施教等，至今仍是我们的重要鉴戒。

早在西周初年，文王母太任和成王母就以胎教之法对胎儿进行

---

[1]　中国地方志指导小组办公室.中华家训精编100则[M].方志出版社,2015:39.

[2]　（清）左宗棠.左宗棠全集（十三）[M].岳麓书社,2017:196.

感化。为了使胎教能代代相传，周王室将其"胎教之道，书之玉版，藏之金柜，置之宗庙，以为后世戒。"[1]《颜氏家训·勉学》着重提到了早教的重要性："人生小幼，精神专利，长成以后，思虑散逸，固须早教，勿失机也。吾七岁时，诵《灵光殿赋》，至于今日，十年一理，犹不遗忘；二十之外，所诵经书，一月废置，便至荒芜矣。"[2]关于环境育人，孟母三迁的故事是个典型例证。历代先贤反复强调的"慎交游"，也是环境育人的一个方面，如朱熹在《朱子家训》中也曾告诫子孙："有德者，年虽下于我，我必尊之；不肖者，年虽高于我，我必远之。"[3]"曾子杀猪"是言传身教的典型。北宋名臣包拯，以自己一生的实际行动，树立了清廉刚毅、铁面无私的"包青天"形象。同时他也有家训留诸后世，虽寥寥数语，却透出一股冷峻肃杀之气："后世子孙仕宦有犯赃滥者，不得放归本家；亡殁之后，不得葬于大茔之中，不从吾志，非吾子孙。仰珙刊石，竖于堂屋东壁，以诏后世。"[4]这是标准的言传身教。关于严慈相济，《颜氏家训》提到："父子之严，不可以狎；骨肉之爱，不可以简"。[5]《孝友堂家训》有云："此等世界，骨脆胆薄，一日立脚不得。尔等从未涉世，做好男子，须经磨炼。生于忧患，死于安乐，千古不易之理也。"[6]这也是告诫子孙，不经历挫折和磨炼，是难以成才的。因材施教最早由孔子提出，朱熹将其进一步发展："圣贤施教，各因其材，小以小成，大以大成，无

[1] 徐少锦，陈延斌.中国家训史[M].人民出版社,2011:117.

[2] （南北朝）颜之推.颜氏家训[M].中华书局,2022:111.

[3] 中央纪委监察部网络中心.中国家规[M].中国方正出版社,2017:130.

[4] 中央纪委监察部网络中心.中国家规[M].中国方正出版社,2017:78.

[5] （南北朝）颜之推.颜氏家训[M].中华书局,2022:10.

[6] 韩昇.良训传家[M].生活·读书·新知三联书店.2018:82.

弃人也。"[1]历代家训也都传承这一思想，根据子女的不同特点，施以不同的教育，使其能够各自成才。梁启超十分注重对子女的教育，他一生一共给子女写了400余封家书。他根据子女的不同特点，鼓励他们成长成才，9个子女分别在诗词研究、建筑学、考古学、军事、图书馆学、经济学、社会活动、革命事业、航空航天等不同领域卓有成就，造就了"一门三院士，九子皆才俊"的佳话。

家庭教育与学校教育在环境、教育者与教育媒介方面不同，但受教育者、教育目的是相同的，因此，二者本质上是相通的。传统家庭教育中的许多重要方法和理念，时至今日，仍然具有强大的生命力，可以供学校教育借鉴使用。

第二节 中华优秀传统家训独具优势

一、中华优秀传统家训德育为先，含有思想政治教育的基本属性

"立德、立功、立言"的"三不朽"是传统社会衡量一个人价值的最高标尺，虽然极难做到，但一直激励着无数有志之士拼搏进取，前赴后继。"为天地立心，为生民立命，为往圣继绝学，为万世开太平。""横渠四句"更是为人们架构了一个崇高的道德境界。这个标尺和境界具有强烈的使命感和强大的感召力，这种使命感和感召力进而凝聚为教育上的德育为先。除了学校教育中的系统传授和社会教育中的宣传与影响，在家国同构的传统社会中，德育为先同样是传统家训的不二法则。这里的"德"，既包括国家、社会层面的公德，也包括集体、家庭层面的美德，还包括个人层面的品德，涵盖精忠报国、敬业乐群、孝悌忠信、崇德向善、礼义廉耻、见义勇为、自强

---

[1]（宋）朱熹.四书章句集注[M].中华书局,2014:339.

不息等丰富的道德理念和规范，如"天下兴亡，匹夫有责"的责任担当，"三人行，必有我师焉"的见贤思齐，"老吾老以及人之老，幼吾幼以及人之幼"的孝老爱亲，"博施于民而能济众"的扶危济困等。中国传统社会"修身、齐家、治国、平天下"浑然统一的家国一体结构以及由此衍化而出的家国情怀，使得"教家立范，品行为先"[1]，社会的主导理念成为家庭的自觉传承。正如清初魏象枢在《寒松堂集》中所说，"一家之教化，即朝廷之教化也。教化既行，在家则光前裕后，在国则端本澄源。十年之后，清官良吏，君子善人，皆从此中出，将见人才日盛，世世共襄太平矣。"而思想政治教育是指"社会或社会群体用一定的思想观念、政治观念、道德规范，对其成员施加有目的、有计划、有组织的影响，并促使其自主地接受这种影响，从而形成符合一定社会一定阶级所需要的思想品德的社会实践活动"[2]。由此可见，传统家训与大学生思想政治教育，二者在基本属性上是相通的。

《颜氏家训》通篇贯穿封建伦理道德的"三纲五常""三从四德"，教育后代做到诚孝、慎言、检迹、立身、扬名、光宗耀祖。以现代社会思想政治教育的角度来看，该书内容讲社会公德的篇目有"名实""涉务"，讲家庭美德的篇目有"教子""兄弟""后娶""治家"，讲个人品德的篇目有"风操""慕贤""勉学""省事""止足""归心"，占全部篇目的60%。明代《药言》开篇即"孝悌忠信，礼义廉耻。此八字是八个柱子，有八字始能成宇，有八字始克成人"[3]。清代节妇王刘氏所著《女范捷录》在极力宣扬"三纲五常""三从四德""从

[1] 徐少锦等.中国历代家训大全（上册）[M].中国广播电视出版社,1993:310.

[2] 陈万柏,张耀灿.思想政治教育学原理[M].高等教育出版社,2018:4.

[3] 徐少锦等.中国历代家训大全（上册）[M].中国广播电视出版社,1993:285.

一而终"的封建礼教。如"统论篇"说:"五常之德著而大本以敦,三纲之义明而人伦以正";"贞烈篇"说:"忠臣不事二国,烈女不更二夫。故一与之醮,终身不移"[1]。康熙帝的"圣谕十六条",更是封建社会最高统治者为宣传封建纲常名教而颁布的,其中"黜异端""讲法律""完钱粮""联保甲"等条,就是为维护其统治服务的:

敦孝弟以重人伦,笃宗族以昭雍睦,和乡党以息争讼,重农桑以足衣食,

尚节俭以惜财用,隆学校以端士习,黜异端以崇正学,讲法律以儆愚顽,

明礼让以厚风俗,务本业以定民志,训子弟以禁非为,息诬告以全善良,

戒匿逃以免株连,完钱粮以省催科,联保甲以弭盗贼,解仇忿以重身命。[2]

二、中华优秀传统家训内容丰富,为思想政治教育提供了优势资源

在漫长的世代繁衍、延续和演进的过程中,长辈对晚辈的教育逐渐积累和沉淀,形成各具特色的家训、遗训、家法、族规、家书、庄规、族约、祠规、宗约、族谕等,篇幅长短不一,但内容十分丰富。如立志要志存高远、报效国家、服务社会,入仕要勤政爱民,廉洁奉公,求学要刻苦攻读、金榜题名,立业要士农工商、资身有术,家庭要孝悌睦族、治家严谨,品行要谦虚恭谨、砥砺奋进、勤俭节约,交游要择友良善、见贤思齐,处世要救难济贫、乐于助人等。

颜之推的《颜氏家训》一书,内容就极为广泛,分"序致"(自

---

[1]　徐少锦等.中国历代家训大全(上册)[M].中国广播电视出版社,1993:429.

[2]　徐少锦等.中国历代家训大全(上册)[M].中国广播电视出版社,1993:395.

序）、"教子"（教育子女）、"兄弟"（兄弟关系）、"后娶"（妻亡再娶）、"治家"（治理家庭：父母与子女，夫妻，兄弟姐妹，娶亲等）、"风操"（士大夫的风度节操）、"慕贤"（仰慕贤才）、"勉学"（劝勉学习）、"文章"（文体、文章、文辞、文人的评论）、"名实"（名声与实绩）、"涉务"（重实干，忌空谈）、"省事"（有所为，有所不为）、"止足"（知足、有度）、"诫兵"（谨慎从武）、"养生"（养生强体）、"归心"（虔诚信佛）、"书证"（经、史典籍的考证）、"音辞"（语言与音韵）、"杂艺"（书法、绘画、骑射、占卜、算术、医学、弹琴、下棋赌博、投壶等技艺）、"终制（遗嘱）"等，共 7 卷 20 篇。范文澜在《中国通史简编》（修订本）第二编第六章《黄河流域各族大融化时期》的第三节《北朝的文化》中，高度评价颜之推和《颜氏家训》的学术成就："他是当时南北两朝最通博最有思想的学者。经历南北两朝，深知南北政治、俗尚的弊病，洞悉南学北学的短长。当时所有大小知识，他几乎都钻研过，并且提出自己的见解。《颜氏家训》二十篇就是这些见解的记录。"

清代朱柏庐的《治家格言》，又称《朱子家训》，是清代家训中的名篇。全文采用骈偶对仗、简洁工整的形式，通俗流畅，富含哲理，读来朗朗上口，是清代学堂、私塾的必读课本，因而流传甚广。《治家格言》虽然只有 600 余字，但内容广泛，涉及起居饮食、庭堂房屋、勤俭节约、未雨绸缪、妻妾奴仆、祖宗祭祀、子孙教育、求财饮酒、善待贫苦、家庭和睦、娶媳择婿、避免争讼、谦虚谨慎、严己宽人、三思而行、自我反省、知恩图报、讲究奉献、作风正派、遵纪守法、忠君爱国等方方面面：

　　黎明即起，洒扫庭除，要内外整洁；

　　既昏便息，关锁门户，必亲自检点。

　　一粥一饭，当思来处不易；

半丝半缕，恒念物力维艰。

宜未雨而绸缪，毋临渴而掘井。

自奉必须俭约，宴客切勿流连。

器具质而洁，瓦缶胜金玉；

饮食约而精，园蔬逾珍馐。

勿营华屋，勿谋良田。

三姑六婆，实淫盗之媒；

婢美妾娇，非闺房之福。

奴仆勿用俊美，妻妾切忌艳妆。

祖宗虽远，祭祀不可不诚；

子孙虽愚，经书不可不读。

居身务期质朴，教子要有义方。

勿贪意外之财，勿饮过量之酒。

与肩挑贸易，毋占便宜；

见贫苦亲邻，须加温恤。

刻薄成家，理无久享；

伦常乖舛，立见消亡。

兄弟叔侄，需分多润寡；

长幼内外，宜法肃辞严。

听妇言，乖骨肉，岂是丈夫？

重资财，薄父母，不成人子。

嫁女择佳婿，毋索重聘；

娶媳求淑女，勿计厚奁。

见富贵而生谄容者，最可耻；

遇贫穷而作骄态者，贱莫甚。

居家戒争讼，讼则终凶；

处世戒多言，言多必失。

勿恃势力而凌逼孤寡，

毋贪口腹而恣杀生禽。

乖僻自是，悔误必多；

颓惰自甘，家道难成。

狎昵恶少，久必受其累；

屈志老成，急则可相依。

轻听发言，安知非人之谮诉，当忍耐三思；

因事相争，焉知非我之不是，须平心暗想。

施惠勿念，受恩莫忘。

凡事当留余地，得意不宜再往。

人有喜庆，不可生妒忌心；

人有祸患，不可生喜幸心。

善欲人见，不是真善；

恶恐人知，便是大恶。

见色而起淫心，报在妻女；

匿怨而用暗箭，祸延子孙。

家门和顺，虽饔飧不济，亦有余欢；

国课早完，即囊橐无余，自得至乐。

读书志在圣贤，非徒科第；

为官心存君国，岂计身家。

守分安命，顺时听天；

为人若此，庶乎近焉。[1]

---

[1]　徐少锦等.中国历代家训大全》（上册），中国广播电视出版社,1993:322.

三、中华优秀传统家训中的方法运用灵活多样，是思想政治教育的有益借鉴

家训是家庭教育的重要载体，以教育子孙为直接目的。正如朱柏庐所说"教子要有义方"。传统家庭教育的"义方"有注重早期教育、注重环境影响、注重以身作则、注重严慈相济、注重因材施教、注重著书立说等。以上六个原则，往往结合具体的形式，如面对面的语言教诲，情真意切，语重心长，直抵心扉；白纸黑字的文字训诫，系统性逻辑性强，可明白无误地传于后世；现身说法的实物警示，使子女如身临其境，感同身受；到艰苦环境的实践锻炼，磨炼其心性，增长其才干等。教育子女的过程，就是通过各种形式，运用各种方法，培养子女成为有品德、有思想、有抱负、有才干的社会有用之才的过程。高校思想政治工作，就是培养具有高尚品德和卓越才能、德智体美劳全面发展的中国特色社会主义合格建设者和可靠接班人，这与家庭教育的目标是相通的。做好大学生思想政治教育工作，就要把握学生思想特点和发展需求，注重理论教育和实践活动相结合、普遍要求和分类指导相结合，提高工作科学化精细化水平，注重因事而化、因时而进、因势而新，形成教书育人、科研育人、实践育人、管理育人、服务育人、文化育人、组织育人长效机制。中华优秀传统家训蕴含多种多样的教育方法，体现了古人务实、灵活的教育智慧，给新时代大学生思想政治教育工作的开展以重要的启迪。

四、家训基于家长，饱含亲情，用于思想政治教育具有天然的说服力和感染力

"打虎亲兄弟，上阵父子兵。"由血缘关系构建的家，是所有儿

女最坚实的依靠和最温暖的港湾,是最牢固、最稳定、最基本的社会组织。家长对子女的了解与爱护,子女对家长的信任与依赖,都贯穿着牢不可破的亲情。"中华民族自古以来就重视家庭、重视亲情。"[1]"子姓之众,皆祖宗一脉所分也。顾一树千枝,总是一树;一源万派,总是一源。""患难相顾,有无相济,缓急相通,尽其欢欣所爱洽。"[2]家训是家庭教育的重要形式,它不同于学校教育和社会教育的最显著一点就是,它源于家庭、基于家长、饱含亲情,这就决定了家训的亲情属性。所谓舐犊情深,望子成龙,不管是循循善诱的开导,还是疾言厉色的责罚,都始终贯穿着内心深深的期许和疼爱。子女取得成绩,家长就欢欣鼓舞;子女落后于人,家长就黯然神伤。基于此,将家训中的亲情基因融入思想政治教育的具体工作中,将自己当家长,将学生当孩子,必定能拉近师生间的心灵距离,使大学生产生一种天然的亲近感,提升工作的实效性。

颜之推在《颜氏家训》的开篇就讲了他写作的缘由,即要整顿家风、教导子孙,圣贤的说辞说服力不一定强,因为内容雷同,道理重复,而亲近人的话往往更令人信服。接着,他回忆了自己儿时因为父亲早逝,没有受到良好的家庭教育,以致成年以后,有些不良的习惯难以改掉,理智与感情经常处于矛盾状态。因此,为了使自己的子孙不重蹈覆辙,免于遭受这样刻骨铭心的经历,他撰写了这部家训:

夫圣贤之书,教人诚孝,慎言检迹,立身扬名,亦已备矣。魏、晋已来,所著诸子,理重事复,递相模学,犹屋下架屋,床上施床耳。吾今所以复为此者,非敢轨物范世也,业以整齐门内,提撕子

[1] 习近平.在二○一五年春节团拜会上的讲话[N].人民日报,2015-2-18(2).

[2] 刘柱彬.略论中国古代家族文化的特质[M].法学评论,1999(1):101.

孙。夫同言而信，信其所亲；同命而行，行其所服。禁童子之暴谑，则师友之诚不如傅婢之指挥，止凡人之斗阅，则尧、舜之道不如寡妻之诲谕。吾望此书为汝曹之所信，犹贤于傅婢寡妻耳。……年十八九，少知砥砺，习若自然，卒难洗荡。二十已后，大过稀焉；每常心共口敌，性与情竞，夜觉晓非，今悔昨失，自怜无教，以至于斯。追思平昔之指，铭肌镂骨，非徒古书之诫，经目过耳也。故留此二十篇，以为汝曹后车耳。[1]

[1]（南北朝）颜之推. 颜氏家训 [M]. 中华书局,2022:3.

第四章　中华优秀传统家训融入大学生日常思想政治教育的现实境况

第一节 中华优秀传统家训融入大学生日常思想政治教育成就突出

一、主要成就

（一）传统家训文化更加受到重视，家训经典得到进一步弘扬

以传统家训文化为主题的高端学术研讨会陆续举办，家训家风家教的研究不断推向深入。

2015 年 4 月 11—12 日，以"弘扬中国传统家训文化、培育当代优秀家风"为主题的"中国传统家训文化与优秀家风建设"国际研讨会在江苏师范大学举行，国内外近 90 名专家、学者参加了此次会议。这是国内学界第一次以传统家训文化为主题的学术研讨会，是一个高水准、高品位的国际文化交流会议。与会专家对中国传统家训文化的内涵、特征、功能、时代价值，以及家训教化与优秀家风培育、家庭美德建设、青少年优秀品德养成等问题进行了深入探讨，把握住了传统家训文化的特性与价值，分析了家训文化的发展与走势，讨论了培育优秀家风的途径方法，为社会大众的家庭建设提供了智慧资源与有益的借鉴。

2023 年 11 月，由全国家文化研究机构联席会议秘书处主办，江苏师范大学中华家文化研究院协办，世界颜子文化交流促进会、浙江颜子研究会承办的中华家文化联席会议二次会议暨"颜氏家训家

风与中华民族家文化研讨会"在山东曲阜举行。来自全国高等院校、科研机构，以及从事家教家风家礼家德等家文化研究和推广普及的理论工作者、实际工作者60多人与会。研讨会在四个方面达成共识：第一，颜氏家训家风是我们中华优秀家文化的优秀资源，需要大力挖掘、传承和弘扬；第二，中华家文化是中华传统文化的基础乃至核心，新时代的文化建设必须加强家文化的研究；第三，传统家文化中关于家庭建设、家风培育、家训教化的内容和路径方法可以为我们今天"加强家庭家教家风建设"提供有益的借鉴；第四，新时代需要从事家庭教育研究的理论工作者和实际工作者，自觉担负起传承和弘扬中华优秀传统家文化、助力新时代家文化建设的历史责任。研讨会还对下一步工作提出了设想：一是加强合作研究，更好地扬弃传统家文化古为今用，为新时代家庭教育、家庭和家风建设提供有价值的参考；二是理论工作者和实际工作者共同努力，积极开展家庭教育和家庭家风建设的实验研究，走进学校、社区开展家庭教育指导；三是希望更多的家文化研究、培训机构加入联席会议，大家加强交流，将会议研讨与会后合作结合起来，关注家长、学校和社会需要，共同开展家庭教育指导师资和家长的公益培训，在赓续中华优秀传统家文化、建设新时代家文化的工作中做出无愧于时代的贡献。

与此同时，各高校也不断激活中华优秀传统家训，弘扬传统家训经典。

在2022年4月的校园读书月，日照职业技术学院举办了"激活经典熔古铸今"中华优秀传统文化经典推荐展，共展出《尚书》《庄子》《周易》《史记》等100部国学经典，引领广大青年学子知经典、学经典、诵经典。学校开展"清风传家"家风教育活动，组织开展"我的家风故事"征集活动,通过党员师生诵读经典读物、征集到视频、书画、读后感、书信等各类作品,讲述家风故事,组织师生诵读《严以治家》《曾国藩家书》《朱子家训》等经典读物,用优良家风家教感染教育学生。

2022 年 4 月,中国人民大学出版社与闽南理工学院等联合举办以"中华名人家风家训"为主题的微信公众号线上系列展览。展览一共分为律己修身篇、读书治学篇、教育子女篇、睦亲齐家篇、出仕为官篇、普惠相助篇六个系列,分别展出近 30 位中国历代名人名家的生平及家风家训,展现中华优秀传统文化中树德育人、注重礼义、诗书传家等优良家风,让好家训好家风成为弘扬中华优秀传统文化的大众载体。

2023 年 9 月,由中国农业银行漳州分行、漳州职业技术学院共同主办的"清新福建、清廉家风"中国古代名人家训展在漳州体育场开展。本次古代名人家训展,采用"名人家训介绍 + 书法作品展示"的形式,精选 40 多名中国古代各个时期具有代表性的名人家训,围绕名人简介、家训原文、家训释义、家训解析与启示等内容,较为全面地展示了中国古代的家训文化,对深化清廉家风教育,增强家国情怀和廉洁修身、廉洁齐家意识,助推清新福建建设,具有积极的意义和作用。书法作品有来自银行员工和学校师生的,也有来自书法家的;既是对精选出的家训原文的艺术再现,也诠释着对家风家训文化的体悟和理解,观赏性和感染力较强。

（二）大学生文化自信更加坚定,传统文化素养得到进一步增强

中国传统家教著作和家训族规的内容,是与学校教育相通的,并且涉及"经史子集"的很多内容,反映了传统文化的博大精深。将传统家训融入思政工作中,就是将博大精深的传统文化融入其中,大

学生文化自信会更加坚定，传统文化素养得到进一步增强。

2022年4月，池州学院大学生成长沙龙"青春大讲堂"，校党委书记孙晓峰以"弘扬中华传统文化传承优秀家风家训"为主题，为现场师生带来一场内容丰富、思想深刻的家风教育专题讲座。孙晓峰从家风家训文化是中国传统文化的重要组成部分、传统家风家训文化是跨越时空的宝贵文化资源、以优秀传统家风家训文化助推新时代家风建设和地方高校家风家训文化育人模式的思考与实践等四个方面，详细介绍了以家规家训和经典家书为重要载体的中华民族优秀家风的特点和作用，以及传统家训教化、家风培育的内容和方法。他指出，抓好家风家训传承、培育、引领和践行对于扎实推进家风家训文化建设落地生根发扬光大具有重要作用。要汲取传统家训家风文化精华为今天的家庭家风建设提供滋养，要借鉴传统家风文化培育路径方法提高家风建设的实效性，要借鉴仕宦家训家风文化中廉政恤民教化促进领导干部家风建设。孙晓峰鼓励全体师生充分发挥社会各界力量，大力传承优秀家训家风，弘扬传统文化，增强文化自信，为深入实施学校家风文化育人"六个一工程"和实现中华民族伟大复兴中国梦而共同努力。讲座列举了大量生动翔实的典型案例，引起了现场全体师生的广泛共鸣。

2023年4月是青岛职业技术学院第九届中华优秀传统文化教育月，学校充分发挥山东省首批中华优秀传统文化示范校示范引领作用，制定《青岛职业技术学院2023年第九届中华优秀传统文化教育月活动方案》，部署学校第九届中华优秀传统文化教育月系列活动，拟定本届中华优秀传统文化教育月活动主题为"厚德"，将中华优秀传统文化教育与学生思想政治教育、精神文明建设有机融合。各二级学院及相关部门积极响应，通过举办中华优秀传统文化讲座、开展丰富多彩的主题教育活动和实践体悟活动，着力增强师生的文化自信、文化责任和担当意识。在第九届中华优秀传统文化教育月启动仪式上，党委书记王金生指出，学校党委始终围绕立德树人根本任务，把文化传承创新摆在重要位置，以争做文化自信排头兵作为新形势下加强和改进高校思想政治工作的应有之义，以争当价值自信风向标作为办好中国特色社会主义大学的分内担当，深入挖掘、用足用好传统文化资源，以"厚德乐学，修能致用"的青职表达和"德技并修、志愿服务"的青职实践深入诠释社会主义核心价值观，不断打造"全环境"育人生态，推进大学精神与时代精神同频共振，与城市发展同向发力。王金生表示，下一步，学校党委将以"山东省中华优秀传统文化传承示范校"建设为契机，与创建全国文明校园结合，深入实施"固本工程""铸魂工程"和"底色工程"，使中华优秀传统文化在校园找到更多传承发展的新途径、新平台、新空间，真正实现根植于心、传递于行，成为师生前进的精神路标。

2023 年 11 月，无锡商业职业技术学院举办"钱氏后人育桃李，千古家训唤英才"家训文化分享会，邀请钱王第 36 代孙、无锡市钱镠研究会会员钱永江先生来校分享《钱氏家训》。钱永江先生讲述了钱氏家族的名人故事，介绍了钱氏家训的历史起源及对其子孙后代的深远影响。他表示，钱氏家训是第一个国家级家训非遗项目，是钱家先祖吴越国国王钱镠留给子孙和所有中国人的精神遗产。希望同学们认真研读，谨记家训中"子孙虽愚，诗书须读"的教导，坚守"读经传则根深"的初心，践行"兴学育才则国盛"的使命。同学们纷纷表示，将从优秀家风家训的传统美德中汲取道德的养分，将其有机融入学习生活中。

（三）传统美德的价值更加凸显，社会主义核心价值观得到进一步培育和践行

习近平总书记指出："家庭是社会的基本细胞，是人生的第一所学校。不论时代发生多大变化，不论生活格局发生多大变化，我们都要重视家庭建设，注重家庭、注重家教、注重家风，紧密结合培育和弘扬社会主义核心价值观，发扬光大中华民族传统家庭美德"[1]。中华民族自古以来就重视家庭教育和家风建设。传统家训家风及其蕴含的传统美德是中华优秀传统文化的重要组成部分，至今仍有其重要的价值。传承借鉴运用传统家训的精髓，发挥其教育引导作用，有利于良好家风的形成，也有利于培育和弘扬社会主义核心价值观。

为进一步培育和践行社会主义核心价值观，加强对学生爱国、敬业、诚信、友善的中华传统美德教育，2019 年 3 月，晋中职业技术学院思政部带领学生走进晋商文化馆开展现场教学，领略晋商文化，感悟晋商家风家训。思政教师韩彩霞以"一家之言一国之精神"为题，通过讲述晋商乔家的家风家训，让大家深切地感受到：晋商之所以纵横欧亚九千里，称雄商界五百年，乔家之所以能够打破富不过三代的魔咒，源于家族教育，源于乔家子孙高洁的人品，源于他们将大仁大义大智大勇和诚信经营的美德践行到了自己的事业当中。此次现场教学别开生面，使学生受益匪浅，在感受晋商家训魅力的同时，深刻地认识到弘扬中华传统美德的意义。同学们纷纷表示要传承晋商家训，弘扬晋商精神，做一名合格的大学生。

济南职业学院将传统文化融入校园景观文化，形成内涵丰蕴、可读可感、特色鲜明的学院文化。学院实施全环境育人工程，推动校

---

[1] 习近平.在 2015 年春节团拜会上的讲话 [N].人民日报,2015-2-18(2).

园文化建设向更高标准、更高层次、更深内涵迈进。学院精心规划建设的市属高校首家廉洁文化主题公园，公园秉持"寓教于景、多维互动、倡廉有形、润物无声"的设计理念，深挖济南廉洁元素，将自然景色、人文景观和廉洁文化相融合，采取剪影、书法、对联等优秀传统文化表现手法，打造了廉印初心、廉通史迹等八个廉洁文化景观，展示廉洁奉公事迹、廉洁故事诗词和传统家风家训，形成"移步见廉、一路有廉"氛围，并举办"廉洁画报展"，引导党员干部、广大师生增强廉洁干事、廉洁用权、廉洁修身、廉洁治家的思想自觉和行动自觉。2022年学院入选全国职业院校校园文化"一校一品"学校、教育部"一站式"学生社区综合管理模式建设自主试点单位，获评山东省首批中华优秀传统文化传承示范校。

2022年5月，为进一步弘扬优良家风，传承中国优秀传统文化，引导大学生坚定文化自信，自觉践行社会主义核心价值观，河海大学"厚学讲坛"系列讲座第十二期在线上线下同时举行。主讲嘉宾为中国青少年研究中心少年儿童研究所副所长、研究员洪明，来自全国不同高校的本科生、研究生参加了本次线上会议，参会总人数达540余人。讲座围绕"家风家训与社会主义核心价值观的培育"展开，从中国人的家文化理念、时代发展与家庭和睦、弘扬家风文化的具体内涵、核心价值观引领下的家风建设四个方面展开讨论，以丰富的资料、生动的语言为大家介绍了家风建设的重要性以及如何通过家风建设促进核心价值观的培育等问题，对于厘清优良家风建设与核心价值观的培育具有重要的理论意义，更重要的是从实践出发，为融合家风建设和核心价值观培育提供了一条可操作的现实路径，具有丰富的社会价值和时代价值。

2022年7月，河北工业大学举办了"忠孝仁和承祖训，诗书礼乐构家风"活动。活动分"中华好家风"征文、"中华好家风"图文征集两种参与方式。本次活动，工大学子积极参与，以征文、图文的方式投稿作品，不仅有利于展现工大优秀学子的优良家风、弘扬中华优秀传统美德，而且能够更为全面地了解同学们的家庭环境，密切家校关系，促进家校和谐，更好地拓宽学校思想政治教育工作渠道，进而形成好家风、配合好校风、营造好学风，落实学校"立德树人"的任务。

为贯彻落实习近平总书记关于注重家庭、家教、家风建设重要论述精神，引导青年学生讲道德、守规矩、重家风，自觉将清廉意识融入日常生活中。2023 年 11 月，西南石油大学机电工程学院前往成都市新都区天府家风馆开展"传承家风家训，弘扬廉洁文化"党风廉政教育活动。天府家风馆位于四川省成都市新都区，是具有爱国文化、廉政文化、家风家教等教育功能的综合性场馆，由四川省纪委监委、成都市纪委监委和新都区委共同建设。馆内包括"先贤家风""红色家风""当代家教""时代新家"四个主展厅，以及战地家书剧场、杨氏家风文化体验厅两个专题展厅，让大家沉浸式地了解到中国家风文化的历史传承与时代发展，向世人展示了优秀的传统文化和清廉家风。参观过程中，同学们在讲解员的介绍下充分感受到诸葛亮、苏轼等历史先贤的治家之道，也切身体会了毛泽东、朱德等老一辈革命家的红色家风。同学们在潜移默化中接受了良好家风的熏陶，对"清廉家风"和"廉洁文化"的理解也更加深刻。本次的参观学习让大家深刻体会到了家风文化的珍贵价值。家风不仅是一种道德传承，更是一种文化自信的表现。大家表示，要珍惜并传承这份宝贵的文化遗产，让优良清廉的家风代代相传，为家庭、社会和国家注入更多的正能量。

（四）大学生思想政治教育更具感染力，高校学生工作队伍的业务与科研能力得到进一步提升

中华优秀传统家训历久弥新，融入大学生思想政治教育独具优势。传统家训德育为先，含有思想政治教育的基本属性；传统家训内容丰富，为思想政治教育提供了优势资源；传统家训中的方法运用灵活多样，是思想政治教育的有益借鉴；传统家训基于家长，饱含亲情，用于思想政治教育具有天然的说服力和感染力。

为引导广大青年学子弘扬传统美德，传承良好家风，衢州职业技术学院于 2016 年 6—7 月开展了"寻访好家训　传承好家风"暑期社会实践活动。项目流程包括：第一，出征仪式暨志愿者动员培训会，宣读"寻访好家训　传承好家风"暑期社会实践活动名单并授旗，对大学生志愿者开展出征培训。第二，示范村走访调研。实践团队走进衢州 6 个县（市、区）的 18 个村，入户上门开展走访、调研，通过听取农户讲述家风故事、填写"家风家训"调查问卷等形式，收集、提炼家风家训和好家风故事，并形成调研报告。第三，"家风家训"挂厅堂、进礼堂、驻心堂。统一将收集、提炼出的家风家训制作成标牌，悬挂于各家庭的门前、厅堂。同时，依托各地农村文化大礼堂，开展"讲家风故事""评家风家训""倡家风文明"等活动，吸引广大家庭互评互议、优良家风，让好家风进礼堂、驻心堂。6 月 24 日，中共衢州市委常委、市委宣传部部长诸葛慧艳为学校家风家训暑期社会实践活动做出征仪式讲话，并为大学生志愿者授旗。当日下午，该校的 86 名大学生志愿者走进衢州各县（市、区）的 18 个村，在当地妇联干部的协助下，入户上门走访调研。调研过程中，志愿者们以人物访谈、调查问卷相结合的方式，深入挖掘中华传统文化中蕴含的思想精华和道德精髓，收集提炼优秀家风家训和好家风故事，并

制作成标牌，悬挂于各家庭的门前、厅堂，引导广大家庭弘扬美德、传递风尚。本次"寻访好家训 传承好家风"暑期社会实践活动为大学生志愿者认识国情、增长才干、奉献社会提供了广阔平台。活动中，该校86名大学生志愿者走进基层，深入挖掘优秀家风家训和好家风故事。经过前期调研和后期统计筛选，最终，志愿者们共发放并回收有效问卷4296份，提炼好家风好家训4297条，汇编好家风故事136篇，形成实践报告8份，照片2000多张，视频320分钟。通过本次"寻访好家训 传承好家风"暑期社会实践活动，该校青年学子深入基层、甘于奉献，将家风家训作为培育和践行社会主义核心价值观的有机载体，从百姓视角、用群众语言深入挖掘中华传统文化中蕴含的思想精华和道德精髓，积极发挥优秀家风引领民众、见贤思齐、崇德向善的强大生命。活动分别被中国高校之窗、央视网、浙江新闻、衢州日报等媒体报道并转载15次，真正做到了"求实、践行"。

2019年6月，青岛理工大学商学院举办"担师恩寄托，盼扬帆远航"《朱子家训》赠送仪式，辅导员刘心芝将历时一年誊写的100份《朱子家训》赠予了即将离校的毕业生。赠送仪式开始前，党总支副书记董兰国结合个人学习《朱子家训》的感悟体会和与会师生做了分享。他指出，《朱子家训》贯通"正心""修身""齐家""治国""平天下"之道，融汇为人处世之法，思想深厚，博大精深，是当代大学生应当认真学习体悟的经典作品。他希望同学们将《朱子家训》的内涵精髓和践行社会主义核心价值观以及新时代青年人的担当与使命紧密结合，涵养"有国才有家"的家国情怀，叮嘱受赠同学带着这份有温度的厚重礼物乘风破浪，扬帆远航。收到这份精致又有温度的礼物，学生纷纷表示特别惊喜和感动。他们表示，这份毕业礼物很珍贵，不仅在于辅导员亲笔书写的意义，更在于这份礼物的深刻内涵，是给毕业生最好的离校教育和人生教育，会认真学习，永远珍藏。

辅导员作为高校思想政治教育工作的骨干力量，近年来积极探索将传统家训融入实际工作，多人在教育部人文社会科学研究专项中获批立项，科研与业务能力得到进一步锻炼和提升。福建师范大学陈苏珍的《中国共产党人家训涵养当代大学生价值观研究》、闽江学院陈义的《优秀传统家训涵养当代大学生社会主义核心价值观研究》、贵州师范学院楚亚萍的《明清家训中德育思想及其当代价值研究》分别获得 2018 年度、2019 年度、2020 年度立项。2016—2022 年的教育部人文社会科学研究专项任务项目（高校辅导员研究）中，以传统文化和思政教育为主题的立项数量分别为 12、6、4、4、3、4、2。科研论文也取得了可喜的成绩。2016 年以来，以传统家训和思政教育为主题的论文共计 63 篇，其中北大核心和 CSSCI 论文 5 篇；以传统文化和思政教育为主题的论文则达 7258 篇，其中北大核心和 CSSCI 论文 761 篇。

二、案例撷英

近年来，福州大学、赣南师范学院、海南大学等因事而化、因时而进、因势而新，坚持遵循教育规律、思想政治工作规律、学生成长规律，推进理念思路、内容形式、方法手段创新，不断推动中华优秀传统家训融入大学生日常思想政治教育，形成了可复制、可推广、可借鉴的典型经验。

（一）福州大学：以家训文化为切入点，探索建立中华优秀传统文化育人新模式

福州大学以家国情怀、社会关爱和人格修养教育为重点，以家训文化为切入点，探索建立中华优秀传统文化育人新模式。

福州大学传统文化节开始于 2013 年 4 月，至今已成功举办 11 届，每一届主题不同，各具特色，展现了福大独具魅力的人文气息。2023 年 11 月，学校学生工作部（处）发布了《关于开展福州大学第十一届中华优秀传统文化节系列活动工作的通知》。通知指出，为了深入学习领会习近平总书记关于文化建设的新思想新观点新论断，传承中华优秀传统文化，丰富校园文化生活，举办本次活动。活动以"承古化今·德兴福大"为主题，为期 1 年。活动内容有"承古化今·德兴福大"传统文化节开幕式暨传统文化节游园会、"立德润心融五育，培根铸魂育新人"传统文化主题教育月、"'宿'说福大，'寓'见'家'话"宿舍文化大赛、"书海泛舟，经典咏流"传统书籍书评征集活动和主题读书会、"翰墨飘香'易'古韵，挥毫落笔贺华章"主题书画大赛、"经典述古风，不止于经典"——国学系列讲座，以棋育人、'棋'乐无穷"——棋艺交流学习活动，"经典咏流传，诗韵润心田"诗词专项竞赛，"勤俭节约树美德"爱粮惜粮主题打卡活动，"古韵悠悠·经典长存"——《大学》主题抖音短视频大赛等 10 个方面。

福州大学以家训文化为切入点，建立了"中华传统家训文化"研习社、"学生社区家训文化长廊"等机构与平台，通过开展家教家风讲座、"我最喜欢的中华家训"微作品、演讲、书法比赛、中华好家训线上线下座谈研讨等活动，引导学生实地寻访、潜心研究和传承弘扬中华优秀传统家训，把优秀传统文化作为大学思政教育的重要

内容。开展"传承好家训，培育好品行"系列主题教育活动。组建近100支社会实践团队开展"践行中华好家训"主题活动，走遍全省各地寻访嘉庚家训、土楼家训等。

"青春，不但要向未来挺拔生长，也要在历史传统中扎根"。"传承好家训，培育好品行"活动启动以来，福州大学的学子们在三坊七巷的寻访中发掘传统家训的魅力，在全方位的认真研习中感悟文化的底蕴，在深入社会的实践中传承好家风。学生们在发掘的同时，积极感悟和提升，传统家风家训成为涵养青春、激扬青春的"第二课堂"。

中国传统家训文化研习社是福州大学家训文化育人体系的关键一环。研习社成立于2015年，以福建本土优秀家风家训文化为教育研究内容，通过"研习家训文化，内化修身立德"，以传承和弘扬家风家训文化为主，以传播姓氏文化、谱牒文化、乡贤文化、寻根文化为辅，专注于大学生"勤学、修德、明辨、笃行"的培养，致力于社会主义核心价值观宣传者和实践者的培育，在全社会弘扬优秀家风家训文化。

福州大学中国传统家训文化研习社成立至今，围绕福建本土家训文化的传承和弘扬，制定了科学的《福州大学中国传统家训文化研习社培养方案》，并邀请多位专家学者担任研习社顾问，形成强大的师资指导团队。研习社积极开展以"家训家风"为主题的社会实践活动，成员先后赴泉州、邵武和平古镇等地对当地家风家训文化做了一系列的深入调研。研习社与晋江市文明办、邵武团市委合作，针对校友、学校教师子女，举办了"少小离家记"暑期夏令营，以"家训家风"为主要内容开展"体验式德育"。研习社与晋江市合作，在石圳华侨中学建立了省级社会实践基地——"家训家风传承教育实训基地"。此外，研习社还在学校官方网站、微博、微信等平台建立传统家风家训文化专栏，经常性开展相关纪录片拍摄、文化展览、传统匾额对联摄影展等活动，用影像、声音和文字记录展现福建当地的家风家训文化。

福州大学以研习社为载体，以研习福建名人家风家训为主线，引导大学生了解和认识福建传统家训家风，把福建传统家训家风丰富的思想精华融入社会主义核心价值观培育，不仅为学生树立了良好的垂范，而且对学生近距离、直观地感受家风家训具有传承教育意义，更好地弘扬和传播福建本土优秀家风家训文化，构筑好思想政治教育的人文根基。

（二）赣南师范学院：学习客家优秀家规家训，传承中华传统美德

客家的祖先历史上多是中原地区的名门望族，有严格的家规家训，十分重视对家族后代的教育。收集整理、学习客家先民遗留下来的家规家训，有利于青年一代吸取客家人质朴的人生智慧，感悟客家人浓郁的家国情怀，激励青年一代开拓进取、奋发有为，传承和创新中华优秀传统美德。该活动内容上就地取材，形式上操作性强，简洁又不失趣味性，有广泛的实践推广性。

1. 条件和保障

浓郁的客家地域文化氛围。学校地处客家摇篮——赣州，这里有浓郁的客家地域文化氛围，为该活动的开展提供了广阔的施展空间，为相关调研、研讨、展示提供了原汁原味的生活场景。

学校的重视和大力支持。学校历来重视加强对学生的中华优秀传统文化教育和乡土情怀的熏陶。该活动主题就是通过收集交流客家人的家规家训，研讨感悟客家人的家国情怀，传承创新客家优秀传统文化。学校领导和相关职能部门在人力物力、活动场所报道宣传等各方面给予大力支持。

高水平的专业指导。本活动负责人吴中胜教授长期从事传统文化教育，主持江西高校哲学科学研究重大课题攻关项目"江西完善优秀中华传统文化教育行动方案研究（批准号：ZDGG1405）。学校有客家博物馆、客家研究院，有比较齐全的客家家谱资料，也有一支专业的研究队伍，能为本活动的开展提供高水平的专业指导。

2. 过程和方法

"学习客家优秀家规家训传承中华传统美德"系列活动分以下三个步骤展开。

第一，调研与收集。给学生布置"家庭作业"，了解"老祖宗给我留下什么规训"，查阅本族本姓的家谱，收集家规家训。项目组成员到本地本校的客家博物院、客家博物馆、客家研究中心收集客家家规家训，又利用外出参加学术会议的机会，到中国国家图书馆、上海图书馆等地收集相关家规家训资料。

第二，研讨与交流。开展"我喜爱的家规家训"主题讨论会，师生以分享会等形式交流阅读家规家训的心得和感悟，注重挖掘家规家训背后的思想性、典型性、生动性，达到涵养品性、感化情怀、砥砺精神、提升境界的目的。邀请知名专家学者举办论坛、讲座、报告会等，增强师生对客家人家规家训的认识和理解。

第三，展示与感化。开展"经典家规家训诵读、书法展示"活动，展示宣传客家人的好家风、好家规、好家训。深入开展客家人家规家训的教育教学研究，编辑出版通俗读物，推广有特色的教学科研成果。知行合一，要求师生把优秀家规家训的基本精神贯穿到生活、学习、工作实践中去，内化于心，外化于行。

3.效果和评价

"学习客家优秀家规家训传承中华传统美德"系列活动实施以来，在教育教学方面取得了系列成果。

（1）文化浸染，提高了教书育人水平。用客家优秀家规家训熏陶学生，成果将地域优秀文化遗产转化为优质育人资源，通过"文化浸染、精神熏陶"创造性地将客家文化精华融入高校育人实践，不断创新大学生思想情感教育的方法，取得了显著效果。

（2）服务地方，扩大了学校社会影响。客家优秀家规家训从大学生的情感深处入手，在心灵感化的基础上使大学生对这一方水土产生文化认同，将地域文化与区域经济社会发展相结合，用客家"崇文重教、爱乡敬业"的文化品格培养学生，从而为地方培养了"下得去、留得住、用得上、受欢迎"的人才，服务地方经济社会文化，扩大了学校办学的社会影响。

（3）地域特色，找准了教学研究方向。本活动对新时期文化育人的地域资源和有效途径等问题进行了有益实践，为教育研究拓展了思路，扣住了地域文化这个关键，用青年一代喜闻乐见的方法途径，取得了系列教育教学成果。项目组成员主持或完成国家级、省级教学科研项目，在《光明日报》《文学评论》《文艺研究》等重要报刊发表文章，获得省级教学科研奖励多项。

（三）海南大学：晒家训，扬家风，践行社会主义核心价值观

海南大学近年积极开展"文化育人"工程，成立"文化育人"中心，将中华优秀传统融入大学生思想政治教育。"晒家训，扬家风，践行社会主义核心价值观"中华优秀传统文化主题实践活动是其中的典型代表。

1. 活动内容

利用寒假春节、家人团聚的机会，向学生布置一份特殊的寒假实践作业。作业内容为：一是晒家训，扬家风，说说我的家族故事；二是寻根问祖，家谱探源，学习同宗名人优秀品质；三是品读《颜氏家训》，感受家风家训的智慧；四是探寻传统技艺，传承中华文化。其中第四项为选作项。

"晒家训，扬家风，说说我的家族故事"的实践内容为，学生至少拜访一位家族中或身边的长者，围绕家风家训家族故事开展访谈，聆听他们的谆谆教导和人生经验，完成人物访谈录；整理自己家或亲戚邻居家的家风家训（也可以和家人一起总结撰写家风家训，以传后代，以养品德），阐述其含义，记录家族故事，记录自己整理过程的感受；用图片或视频等形式记录家谱、家乡民俗或祭祖活动，让蕴含中华文明密码的家风家训，成为涵养青春、提升精神的食粮。通过家中的老物件、老照片、遗迹、书信等，探寻背后的历史故事、清廉故事，还原家族记忆和时代印记。

"寻根问祖，家谱探源，学习同宗名人优秀品质"的实践内容为，通过拜访长辈、查看家谱、参观宗祠或翻阅文献，了解自己姓氏来自何处、经历了怎样的历史、含有哪些有趣的故事等，探寻家族的来龙去脉。阅读本姓名人的成长故事、孝廉故事，学习他们的优秀品质。鼓励形式多样化，可以拍照或复印自己的家谱写感受，也可以手绘和电子绘制自己的家谱树、制作视频讲述故事等。

"品读《颜氏家训》，感受家风家训的智慧"的实践内容为，学校向参与活动的学生发放《颜氏家训》一书，鼓励学生利用寒假和家人一起静心熟读，反观反省自己的言行，以之修身以之养心，并撰文以记之。

"探寻传统技艺,传承中华文化"的实践内容为,学生走进身边传统技艺传承人的生活,体验中华传统技艺的魅力。学生可以用照片或视频记录这些传统技艺,也可以用文字讲述该传统技艺的兴衰发展,还可以尝试学习这些传统技艺,鼓励学生自己制作传统技艺作品。

寒假结束后,各班级进行主题实践分享学习会,学校开展家风家训展,将优秀作品汇编成册并进行网络宣传。

2. 活动成效

活动将传统家训与大学生思政教育相融合,将课堂教育与实践教育融合,使传统家训成为文化育人的重要内容和载体。

促进了学生成长。学生们以极大的热情投入活动。活动开展的两年来,2000余名学生提交家风、家训、家谱(图片)、实践日志、手工艺作品、调研论文等4000余份。学校将优秀作业整理汇编,将其作为中华优秀传统文化教育的现实教材。同学们在探寻家风家训的过程中,在走访家族长辈倾听家族故事中,在学习了解传统技艺中,在品读《颜氏家训》中,更加清楚自己的文化根脉,更加深刻体会中华优秀传统文化的魅力,提升了自己的家国情怀,坚定了文化自信,真正将社会主义核心价值观转变为自己的价值观。

得到家长的认可。该活动将中华优秀传统文化的学习与践行,由学校扩展到家庭,由学生扩展到家长,由书本拓展到实践,学校家庭合力,学生、家长共同行动来学习践行中华优秀传统文化,在社会上产生积极的影响。活动受到广大家长的认可和支持。

提升辅导员的科研能力。以该主题实践活动为依托,辅导员注意总结提升,深化理论思考,积极开展传统文化与大学生思政教育的研究。辅导员申报并完成教育部课题2项,省级课题1项,公开发表论文 6 篇。

3.活动模式

海南大学积极探索将中华优秀传统文化融入大学生思想政治教育中的方式方法。在将中华优秀传统文化融入学生党员教育、新生入学教育、校园文化、主题实践等活动的过程中,逐渐形成一个任务、四个融合、三个维度、四个步骤的传统文化教育"1434模式",即紧密围绕立德树人的根本任务,通过将中华优秀传统文化同新生适应性教育、校园文化建设、学生党员教育、主题实践活动的四个融合,使学校、家庭、社会三个维度形成合力,通过学、行、悟、领四个步骤,努力培养青年大学生成为中华优秀传统文化的学习者、践行者、受益者与引领者。

实施步骤:学、行、悟、领四步骤高效落实。

学:学习传统经典。近年来,累计向学生发放《大学》《中庸》《颜氏家训》《朱子治家格言》《弟子规》等经典读物 5000 余册,开展经典晨读等活动。

行:践行传统美德。在实践中践行中华优秀传统文化,通过布置寒暑假作业,要求学生完成走访、体验等实践活动,并按要求提交成果。

悟:体悟经典内涵。开展各团支部主题团日分享活动、优秀作业作品展示、学生代表座谈会等多种形式,将实践内容再提升,再领悟,感受中华优秀传统文化的魅力。

领:引领道德风尚。学生通过学、行、悟,将中华优秀传统文化内化于心,外化于行,弘扬真精神,传递正能量,成为学习传承和发展践行中华优秀传统文化的先行者。

第二节 中华优秀传统家训融入大学生日常思想政治教育的不足之处

一、不足之处

（一）融入的内容碎片化，不成系统

传统家训萌芽于先秦，成熟于南北朝，至明清达到鼎盛，既一脉相承，又不断发展，形式多样，著述繁多，涉及领域极其广泛，涉及方法发人深省。但在将中华优秀传统家训融入大学生日常思想政治教育的过程中存在融入的内容碎片化的不足，主要表现在以下三个方面。

第一，开展活动时，缺乏系统性融入。在假期社会实践、校园文化建设、新生入学教育、毕业生离校教育或者学生党员教育中，高校积极探索将优秀家训的内容融入其中，但往往限于家训的只言片语和零星案例，难以全面深入地理解家训的社会背景、历史内涵与现实意义，难以与大学生日常思想政治教育的系统性相契合。

第二，课程设置时，缺乏整体性规划。内容上，系统讲授传统家训的内容较少，大多是零散的，在其他相关课程中提到；形式上，基本上是公共选修课，普及程度有限，学生关注度有限；规划上，缺少专门的教学大纲，授课过程存在随意性、盲目性。

第三，课堂教育中，缺乏统一、权威的家训教材。教材编写是一项指向性、预备性工作。近年虽然已经出版了一些传统家训方面的教材，但没有统一的编写要求和标准，家训教材质量参差不齐。

（二）融入的形式单一化，不够丰富

融入的形式单一，容易削弱大学生参与活动的积极性和主动

性，影响活动的吸引力和影响力，活动效果就会打折扣。目前形势单一主要表现在以下三个方面。

第一，被动接受多，主动互动少。主题教育中以单向接受教育为主，侧重于单向灌输，缺少与学生的双向交流；实践活动不够深入，有的同学参与活动仅仅是为了获得学分，在实际活动中走马观花，流于形式，没有真正将实践的主题思想内化于心；课堂长期以来实行以教师为主导的教学模式，片面强调教师的权威，忽视了学生作为受教育者的主体性；教学目标缺乏灵活性和针对性，忽视了学生的个体差异性。

第二，传统形式多，创新形式少。融入的实践形式上，主题征文、主题演讲、主题辩论、经典诵读、文艺演出等传统形式较多，缺少新意和吸引力。党团活动、名胜古迹、专业知识与家训的融合较少，缺少完整的规章制度，难以实现实践活动的常态化。当前，以微信公众号、微博、抖音、网络直播平台、手机客户端等为代表的新媒体平台完全吸引了大学生的注意力，成为大学生获取知识、交流经验、休闲娱乐的重要平台，对大学生的思想观念、行为模式、价值取向等产生了越来越大的影响。这既为传统家训的融入提供了难得的机遇，也存在不可忽视的挑战。目前，许多高校未能充分考虑到新时代大学生的身心需要和实际喜好，没有充分注意到新形势的变化，没有充分发挥新媒体平台的积极作用，存在平台搭建不完善、资源运用不充分、团队运营欠佳等问题，使得传统家训的传承与传播、融入与发展错失了很多良机，效果不尽如人意。

第三，校内活动多，校外活动少。将传统家训融入思政教育，应充分发挥校内、校外各自的主场优势，校内以传授知识为主，校外以实践拓展为主，将校内、校外两个场所有机结合。但现阶段不管是课堂学习还是各类文体活动，活动场所还是以校内居多，没有搭建好校外实践教育平台，没有利用好校外的丰富资源，没有形成完善的校外实践教育机制。

（三）融入的氛围粗放化，不够浓厚

第一，社会环境方面，重视不够。虽然国家非常重视中华优秀传统文化的传承与发展，但社会上对传统家训这一传统文化的重要组成部分的重视程度明显不够。比如宣传力度不够，缺少有影响力的宣传片、纪录片或电视节目。缺少关于家训的全国性比赛或相关评比，缺少家训方面的有影响力的文化、文艺、文学作品。这就容易导致社会上对传统家训的重要性认识不足。

第二，高校环境方面，氛围欠佳。校园文化包括校园环境、人文景观等物质方面，也包括大学精神与文化传统等精神方面，对大学生人文素质的培育和价值观的养成具有潜移默化的促进作用。当前，高校扩建，非常重视校园规划，融入了很多现代元素，却往往忽略了传统文化资源，缺少历史的厚重感。传统家训在校园建筑、景观等方面明显缺少存在感。精神方面，缺少以传统家训为主题的实践活动、学术活动、社团活动、文艺活动等，导致有的大学生对家训比较陌生。

第三，家庭环境方面，观念淡化。由于现代社会的不断演化与发展，传统社会以家谱、族长、宗祠来尊宗、敬祖、收族的家族结构趋于瓦解，城乡人口流动频繁且成为常态化，聚族而居已成为往事，祭祖的宗祠已不多见，家谱纂修的间隔时间长，内容也较为简单。五服以内的家族成员因分居各地，来往稀疏也是常事。在这种环境下，家训在族人中的地位和影响力就大为弱化。另外，社会的发展日新月异，竞争的压力与日俱增，为了子女的升学与发展，重智轻德的现象较为突出。很多家庭过于重视孩子的智力发展，而忽视了人格塑造和道德水平的提高，造成德育、智育的失衡。有的家庭已将家训抛之脑后，有的家庭甚至不知家训为何物。

（四）融入的师资薄弱化，不够专业

第一，涉及家训文化教育的专业教师数量不足。思想政治理论课是大学生思政教育的主渠道，而专门从事传统家训教育的教师岗位目前尚未配备。思政课教师家训知识相对匮乏，平时的教学、科研等工作压力繁重，难以专门抽出时间去学习和钻研传统家训，更无力再开设传统家训文化的课程。专业性人才的短缺导致了思政课教师对传统家训的掌握和运用明显乏力。有的高校不乏对传统家训有深厚研究的专家学者，但他们往往主要致力于理论研究，不涉及大学生的思想政治教育。

第二，思政工作者家训文化素养欠缺。辅导员是服务、教育、管理大学生的骨干力量，主要负责学生的思想引导与日常事务的处理。他们往往来自不同专业，绝大多数对传统家训知之甚少，即使来自相近专业，也基本不熟悉这一特定领域，很少了解传统家训中蕴含的育人思想和理念，更不用谈将其融入日常的思想政治教育中。

二、主要原因

中华优秀传统家训融入大学生日常思想政治教育存在诸多不足，主要原因是对传统家训的现实意义认识不足、重视不够，还有就是对传统家训的育人思想发掘不够。多元文化思潮和价值观念的冲击，使得大学生缺乏辨识，对传统家训形成偏见，也是其中一个原因。

（一）对传统家训的现实意义认识不足

家训在中国光辉灿烂的文明史中占有重要地位，是中华优秀传统

文化的重要组成部分,其核心内涵是"格物、致知、诚意、正心,修身、齐家、治国、平天下",这是人们对美好生活的根本追求,是国家社会倡导的基本价值观念,也是中华传统文化的思想精髓。传统家训在教化的过程中,不局限于对一个人的教化,而是通过对个人日常生活言行的规范和教导,形成由己及众的多层次、全方位的教化体系,将个人置于家族之中,又将家族置于社会、国家之中,从而实现家国同构,使其成为国家文化教育体系中不可分割的一部分。传统家训中规范的个人修身立德,传承了行知文化;伦理教化,规范了文化思想;家国天下的思想,弘扬了民族精神。因此,古人用自上而下的家庭教育模式,将个人、家族、社会、国家联系起来,形成你中有我、我中有你的家庭教育格局,至今仍有积极的现实意义。[1]当然,传统家训中也同时存在封建、落后、腐朽、迷信、消极的思想,这就需要我们严谨科学地去伪存真、去粗取精,扬弃继承。如果对传统家训的现实意义认识不足,思想上就不会重视,与此相关的一系列工作就不能做实做透做到位。

(二)对传统家训的育人思想发掘不够

从五帝时期至清朝末年,家训历经 3000 余年,世世代代不断延续与演进,不断积累与更新,形成了各具特色的家约、家规、家范、家诫、族规、族谕、庄规、宗约、祠规、祠约等。除此之外,还有诫子书、遗训,家训著作,蒙学著作与读物,家训丛书与类书,以及散见于各种文献著作中涉及家训与家庭教育的有关论述,这都属于广义的家训范畴,文献之多可谓浩如烟海。这是一座巨大的思想宝库,蕴含传统家训的思想精华。发掘、整理这些文献是一项庞大的工程,但只有最大限度地发掘和整理出来,才能更好地传承和发展。

---

[1] 杨威,罗夏君.中华传统家训精粹[M].教育科学出版社,2020:25.

（三）对多元文化思潮和价值观念的冲击缺乏辨识

当今世界瞬息万变，百年未有之大变局加速演进。现代化、信息化、全球化持续演进，社会的发展与变革中许多不确定性增多，思想文化逐渐向多元化方向发展。现代中国的思想文化，在主流与非主流、东方与西方、传统与现代、大众与精英之间相互碰撞。价值观在不同性质文化的碰撞和交锋中呈现出多元化的趋势，对人们的精神信仰和内心倾向产生了前所未有的冲击和挑战。原有固存的价值观念和行为范式是否合理，是否能够适应现代社会，这是很多大学生思考和面对的问题，以致他们的思想观念出现了混乱，文化认同产生了动摇。在这种情况下，一方面，大学生很少将目光投向传统家训；另一方面，即使面对传统家训，也会片面地认为传统家训是保守、落后、封建的，已落后于社会的发展，不值得学习和传承。

第五章 中华优秀传统家训融入大学生日常思想政治教育的基本原则

大学生日常思想政治教育是一项系统工程、长期任务，高校教育工作者要遵循思想政治工作规律，守好一段渠、种好责任田，也要同向同行，形成协同效应。新时代中华优秀传统家训融入大学生日常思想政治教育，应坚持以提升大学生日常思政教育的工作实效为导向，坚持传承与涵养家国情怀的理念担当，坚持"蒙以养正"的早教思想，坚持批判与继承、转化与发展相结合，坚持课堂教学与实践活动相结合。

第一节 坚持以提升大学生日常思想政治教育的工作实效为导向

大学生日常思想政治教育的实效性是指高校思想政治教育的各项教育活动的预期目标与结果之间的关系，即高校为培养德智体美劳全面发展的社会主义建设者和接班人而开展的思想政治教育活动的育人成效。加强和改进新形势下高校思想政治工作，要"坚持改革创新，推进理念思路、内容形式、方法手段创新，增强工作时代感和实效性。"[1] 因此，坚持以提升大学生日常思政教育的工作实效为导向是首要原则，如果这一条原则得不到重视和落实，那么这项工作是没有意义的。坚持以提升工作实效为导向，就是要注意精准融

---

[1] 中共中央、国务院.关于加强和改进新形势下高校思想政治工作的意见[N].
人民日报,2017-2-28(1).

入、接地气地融入，也要注意及时总结反思，检验融入的效果。

中华优秀传统家训的融入要做到精准有效。将中华优秀传统家训融入大学生日常思想政治教育，不是一概采用、生搬硬套，而是在全面了解家训提出的社会背景、家训作者的思想与履历的前提下，深刻理解家训的内涵及意义，把握其核心思想，科学鉴别其是否适合时代要求，然后融会贯通，将其转化应用于我们的实际工作。不管是深入大街小巷寻访家训，还是静心阅读研习家训，不管是翻阅历史典籍整理家训，还是书写诵读家训，都要首先分析鉴别，精准领会其核心要旨，都要将其内化于心、外化于行。

融入大学生日常思政教育要接地气。大学生的日常，是学习科学文化知识、参加校内外活动，是评奖评优、勤工助学，也是处理人际关系、调节心理状态，还是职业生涯规划、升学深造就业。大学生的日常，是安安心心学习，顺顺利利成长，高高兴兴毕业。日常思想政治教育，不是高大上，而是最基本的诉求和盼望。因此，将中华优秀传统家训融入大学生日常思想政治教育，要将解决大学生最实际的问题作为工作的出发点和落脚点。

融入工作要及时总结、反思，不断改进。将中华优秀传统家训融入大学生日常思想政治教育，还有很多不成熟、不完善的地方，因此要勇于探索、善于总结、及时反思，并将总结反思的结果落实到改进工作的具体行动中。具体来说，判断家训融入工作的好与坏、思政教育的实效有与无的标准，就是要看大学生是否更加自信地认同传统文化、弘扬传统文化，是否更加深刻地认识到中国共产党为人民谋幸福、为民族谋复兴的初心使命，是否更加自觉地践行社会主义核心价值观，是否更加努力地学习科学文化知识、锻炼提升个人综合素质，是否更加积极地将小我融入大我、全身心地投入中国特色社会主义伟大事业中。

第二节　坚持传承与涵养家国情怀的理念担当

习近平总书记 2016 年 12 月在会见第一届全国文明家庭代表时讲道："历史和现实告诉我们，家庭的前途命运同国家和民族的前途命运紧密相连。我们要认识到，千家万户都好，国家才能好，民族才能好。国家富强，民族复兴，人民幸福，不是抽象的，最终要体现在千千万万个家庭都幸福美满上，体现在亿万人民生活不断改善上。同时，我们还要认识到，国家好，民族好，家庭才能好。当前，全党全国各族人民正在实现'两个一百年'奋斗目标、实现中华民族伟大复兴中国梦的新长征路上砥砺前行。只有实现中华民族伟大复兴的中国梦，家庭梦才能梦想成真。"[1] 中华民族正是坚守着忠贞而又质朴的家国情怀，休戚与共，同舟共济，才能屹立于世界民族之林几千年而不倒。

坚持传承与涵养家国情怀的理念担当，要全面理解家国情怀的深刻含义。在中国人的精神谱系里，国家与家庭、社会与个人，都是密不可分的一个整体。家是国的基础，国是家的延伸。家和万事兴，国泰则民安，国破则家亡。"小家"同"大国"同声相应，同命相依。家庭为了兴盛需要孝子贤孙，国家为了发达，需要贤臣良将。家庭的孝子贤孙，同时也是国家的贤臣良将。正因为感念个人命运与国家兴衰的同频共振，所以将恋家之情与报国之志融为一体，从孝亲敬老、兴家乐业的义务走向济世救民、匡扶天下的担当。在家国情怀的感召下，不仅产生了饱含民族大义的家训名篇，也涌现出众多爱

---

[1]　习近平.在会见第一届全国文明家庭代表时的讲话[N].人民日报,2016-12-16(2).

国爱家之人。西汉霍去病千里奔袭，封狼居胥，喊出："匈奴未灭，何以家为"；晋代葛洪爱国如爱家，坚守气节，写出"烈士之爱国也如家"；宋代陆游直到临终前，还念念不忘国家尚未统一："死去元知万事空，但悲不见九州同。王师北定中原日，家祭无忘告乃翁"；明代于谦羁留边地，将思念亲人之情化为报效国家之志，"一寸丹心图报国，两行清泪为思亲"。

坚持传承与涵养家国情怀的理念担当，要充分认识家国情怀的崇高地位。家国情怀，是中华民族一脉相传的传统，也是引以为傲的优势。它蕴含在家训里，也镌刻在历史中。不论是至圣先师孔子倡导克己复礼，推行忠恕之道、维护国家礼制的思想；还是唐太宗李世民对太子李治的"夫国之匡辅，必待忠良。任使得人，天下自治"[1]深切嘱托；或是晚清曾国藩在上千封家书中对子弟的叮咛与期望，对风雨飘摇、内忧外患的国家的忧虑；抑或积极为国、捐款捐物、乐善好施的晋商乔氏，都是对家国情怀的完美诠释和践行。家国情怀经由家训教化的发展，已经超越朝代、历史和地域文化的局限，成为中国传统文化中最为核心的精神根基。不同时代、不同阶层的人，皆以最为赤诚的思想和行为，尽己所能，在平凡的日常生活中阐释自身对家国情怀的理解和把握，对国家和民族的崇高信仰和敬爱之心。这种对国家的大爱和崇敬，既不是单纯对长辈的为善尽孝之心，也不是单纯对兄弟的友爱手足之心，更不是单纯对家族、对社会的仁爱之心，而是强调了个体成员对于社会发展、国家进步的作用和贡献。通过家国情怀将个人与家族、社会、国家紧密地联结在一起，形成你中有我、我中有你的有机统一。

坚持传承与涵养家国情怀的理念担当，要真正践行家国情怀的

---

[1] 徐少锦等.中国历代家训大全[M].中国广播电视出版社,1993:83.

行动指向。第一，学习中国古代的文明史、近代的屈辱史斗争史、现代的发展史和当代的富强史，弘扬中华优秀传统文化和革命文化、社会主义先进文化，做中华文化的继承者、践行者和传播者。第二，培育和践行社会主义核心价值观，引导学生树立正确的世界观、人生观、价值观，加强国家意识、法治意识、社会责任意识教育，加强民族团结进步教育、国家安全教育、科学精神教育，以诚信建设为重点，加强社会公德、职业道德、家庭美德、个人品德教育，提升学生道德素养。第三，了解世界形势，关注国家政治、经济、文化、科学、教育、军事、外交等方面的大事，了解国家的发展变化，增强对祖国的认同感。第四，积极参加社会实践，主动走向社会，了解社会，适应社会，融入社会，在社会万象中增长见识，在实践锻炼中提升才干。第五，珍惜每分每秒，一步一个脚印，把远大理想真正落实到日常的实际行动中，让力争上游成为青春搏击的动力，让专业精湛、本领精干成为青春淬炼的标签。

第三节　坚持"蒙以养正"的早教思想

"蒙以养正，圣功也"出自《周易·蒙卦》。"蒙"即蒙昧、幼稚、无知；"养"即培养、教育；"正"即正道或端正的品性。"蒙以养正，圣功也"即从童年开始就要施以正确的教育，使人摆脱蒙昧，归于正道，这是神圣而重要的事业。"蒙以养正"既揭示了教育的功能和价值，又提出了教育的重要方法：早教。《孔子家语》道："少成则若性也，习惯成自然也。"孔子认为，儿童时期养成的习惯就像人的天性一样牢固，会自然而然地呈现。古代特别重视早教，并由此发展为一门专门对儿童进行启蒙教育的学问"蒙学"。习近平总书记2014

年在北京大学师生座谈会上讲道："青年的价值取向决定了未来整个社会的价值取向，而青年又处在价值观形成和确立的时期，抓好这一时期的价值观养成十分重要。这就像穿衣服扣扣子一样，如果第一粒扣子扣错了，剩余的扣子都会扣错。人生的扣子从一开始就要扣好。"[1] 总书记用穿衣服扣扣子这一朴素而生动的比喻，深刻揭示了教育要抓早、抓实的重要性。因此，将中华优秀传统家训融入大学生日常思想政治教育，应认真借鉴早教思想。

坚持"蒙以养正"的早教思想，应充分重视大一新生的入学教育。大一新生刚入学时，对学校的环境完全陌生，对将要开启的大学生活也懵懵懂懂，这一阶段可视为人生中的"童年"，此时的入学教育可视为早教。入学教育的内容会涉及专业课程介绍、图书馆使用、校园安全教育、心理健康教育、规章制度学习等内容，目的就是使新生尽快适应新角色、融入新环境、开启新征程。因此，根据"蒙以养正"的早教思想，我们要紧紧把握好新生刚入学的这段短暂窗口期，使积极的心态和满满的正能量先入为主，入脑入心。要高度重视入学教育的重要作用，认真研究入学教育的内容、方式和时间安排，精心打造，提升效果。而具体到每一门课程，也应重视第一节课的"入学教育"作用，将学生迅速吸引到这门课程的学习中来。

坚持"蒙以养正"的早教思想，应认真开展"开学第一课"。从2008 年起，每年的9 月1 日，中央广播电视总台综合频道都会播出面向全国中小学生的大型公益节目《开学第一课》。《开学第一课》由中宣部、教育部与中央广播电视总台联合主办，于每年新学年开学之际推出。这一节目针对中小学生的特点而设计，用寓教于乐的

---

[1]　习近平.青年要自觉践行社会主义核心价值观——在北京大学师生座谈会上的讲话[N].人民日报,2014-5-5(2).

方式，使他们在潜移默化中受到陶冶。每年都是针对当年最重要的事情选定节目主题，带有突出的时效性和强烈的感染力。如2022年《开学第一课》聚焦喜迎党的二十大，以"奋斗成就梦想"为主题，请"八一勋章"获得者、时代楷模、脱贫攻坚楷模、科学工作者、奥运健儿、志愿者和青少年代表等上讲台，与全国中小学生共上一堂课，引导广大中小学生更好地认识和认同中华文明，铸牢中华民族共同体意识，增强做中国人的志气、骨气、底气，从小坚定听党话、跟党走的决心和信心，努力实现德智体美劳全面发展，努力成长为担当民族复兴大任的时代新人。2022年的《开学第一课》第一次把课堂"搬到"了中国空间站的问天实验舱。2023年《开学第一课》以"强国复兴有我"为主题，立足时代前沿，从传统文化、文明探源、生态文明、乡村振兴、国防教育、科技创新等多个方面，采取多地、多主题实景课堂全新模式，带领学生走入田间地头、国家公园、文化地标，纵览祖国大好河山，在"行走的课堂"中读懂中国历史、感知中华文明。中央广播电视总台的《开学第一课》是早教思想的典型运用，为全国中小学生的思想政治教育发挥了不可替代的重要作用，也是大学生日常思想政治教育的重要借鉴。近年来，高校也纷纷在开学之初由校党委书记、校长或教师代表开讲《开学第一课》，以理想信念、青春奋进、责任担当为主题，收到了良好的效果。《开学第一课》也成为高校落实立德树人根本任务的重要环节。

第四节　坚持批判与继承、转化与发展相结合

习近平总书记指出："对历史文化特别是先人传承下来的价值理念和道德规范，要坚持古为今用、推陈出新，有鉴别地加以对待，有

扬弃地予以继承，努力用中华民族创造的一切精神财富来以文化人、以文育人。""要处理好继承和创造性发展的关系，重点做好创造性转化和创新性发展。"[1]因此，对中华优秀传统家训，应坚持批判与继承、转化与发展相结合，以便更好地融入大学生日常思想政治教育。

传统家训的很多思想和理念，直到今天仍有强大的生命力和现实价值，但也并非"篇篇药石，言言龟鉴"，一些观点由于历史和阶级的局限性，是消极、腐朽和落后的，必须加以严格区分。如愚忠愚孝、尊卑贵贱的封建思想，听天由命、因果报应的迷信思想，明哲保身的处世哲学，光宗耀祖的名位思想，棍棒主义的惩治观念，鄙视体力劳动和工商技艺的剥削阶级思想等。备受推崇的《颜氏家训》有很多真知灼见，但同时也存在一些封建糟粕，如对女性的歧视，对技能教育的忽视，迷信佛教，宿命论思想，认为除儒家经典之外都是歪门邪道。司马光的《家范》充斥着"三纲五常""三从四德"的封建伦理道德观念。清代朱柏庐的《治家格言》，以格言警句的形式，讲了许多为人处世、修身治家之道，流传甚广，但其中也夹杂着明哲保身、安分守己的人生论和因果报应的唯心论。我们在传承传统家训并为我所用的时候，不复古泥古，也不简单否定，务必注意分析和鉴别，哪些可以直接继承，哪些可以分情况、分场合地继承，哪些需要补充、改造、完善后才能继承，哪些完全不能继承。

习近平总书记还指出，"创造性转化，就是要按照时代特点和要求，对那些至今仍有借鉴价值的内涵和陈旧的表现形式加以改造，赋予其新的时代内涵和现代表达形式，激活其生命力。创新性发展，就

---

[1] 习近平.把培育和弘扬社会主义核心价值观作为凝魂聚气强基固本的基础工程[N].
人民日报,2014-2-26(1).

是要按照时代的新进步新进展，对中华优秀传统文化的内涵加以补充、拓展、完善，增强其影响力和感召力。"[1]因此，将传统家训融入大学生日常思想政治教育时，要以"创造性转化、创新性发展"方针为指导，使其顺应社会主义新时代、适应高等学校新环境、激发思政教育新活力，实现从传统到现代的华丽转身。传统家训的转化与发展，要以社会主义核心价值观为引领，以现代社会伦理关系为依托，充分考虑传统文化心理与现代社会思想道德观念的区别和联系。要注意辨析一些特定词语如忠君与爱国、天下与国家、律令与法制、入仕与从政、读书与学习、技艺与职业、礼制与礼仪等在含义上的古今之别，对传统家训做科学的解读。要综合运用现代信息技术和新媒体平台，采用大学生喜闻乐见的新颖方式。要激发大学生的主动性，加大活动的互动性，增强大学生的获得感和成就感。

第五节　坚持课堂教学与实践活动相结合

习近平总书记指出："思政课不仅应该在课堂上讲，也应该在社会生活中来讲。""'大思政课'我们要善用之，一定要跟现实结合起来。上思政课不能拿着文件宣读，没有生命、干巴巴的。"[2]我们要深入贯彻落实习近平总书记的指示精神，将中华优秀传统家训融入大学生日常思想政治教育时，要重视"大思政课"，善用"大思政课"。

坚持课堂教学与实践活动相结合，要促进校内课堂与校外实践融会贯通。重视与善用"大思政课"，就是将思政课的校内小课堂与社会舞台的大课堂有效融合，将课堂上的理论知识与社会实践活动

---

[1]　习近平.把培育和弘扬社会主义核心价值观作为凝魂聚气强基固本的基础工程[N].人民日报,2014-2-26(1).

[2]　习近平."大思政课"我们要善用之[N].人民日报,2021-3-7(1).

有机统一。"思政小课堂"是立德树人的主渠道，"社会大课堂"是铸魂育人的大熔炉，思政小课堂重在"知"，帮助学生树立正确的世界观、人生观和价值观，解决好真学真懂真信真用的问题，大课堂重在"行"，运用生动鲜活的实践素材，让学生在社会锻炼中厚植情怀，增强四个自信，实现知和行的有机统一。"大思政课"通过让学生融入真实的社会情境中，带来鲜活的生活体验，亲身体验新时代中国特色社会主义的火热实践，从而建构个人成长发展的价值体系，体悟自身在民族复兴、国家富强中应尽的责任与义务。应根据教学设计方案和教学主题的性质特点，邀请家训、家风、家教方面的专家学者、名门之后等代表人物，以及博物馆、纪念馆等教育基地讲解员、志愿者等经常性地进入思政课堂参与思政课教学，通过他们的自身经历和真情实感去感染和号召大学生将传统家训与爱国情、报国志统一起来，有效增强思政课教学的感染力和说服力。同时，社会实践应纳入高校教育教学的总体规划和相关课程，确定学时和学分，提供必要的资金。大胆探索建立社会实践与专业课程学习、与思想政治理论课、与社会服务相结合的管理体制，提高社会实践活动的实效性。要充分利用寒假和暑假，积极开展各类主题社会实践活动。大力组织大学生参加关于家风家训家教的社会调查、志愿服务等活动。社会实践基地建设应予高度重视，通过丰富社会实践的内容和形式，不断提高质量和效果，使大学生在社会实践活动中切切实实地接受教育、增长才干、作出贡献。

坚持课堂教学与实践活动相结合，要促进思政课教师与辅导员的工作协同性。思政课教师与辅导员应优势互补，双向融合。双向融合是相互靠近、优势互补，也是同心、同向、共商、共建，既要将各自的工作内容扩大，又要将各自的工作内容相互交融。要通过建立健全体制机制，构建双向融合的育人体系，将理论与实践、课堂与课下贯通起来，使两者都能发挥自己的优势和特长，形成交融聚合，进而相互赋能，同步提高。双向融合是资源的共建共享，思政课教师为辅导员平时的工作提供丰富的理论素养支持，使辅导员的工作更具系统性，辅导员也及时将学生的日常行为和思想动态提供给思政课教师，让思政课的课程更加贴近实际。双向融合更加深入、更具有建设性的方式是互相兼任。思政课教师兼任辅导员，全天候参与辅导员的各项具体工作，可以使思政课教师深入了解学生的日常生活，将思政课的精髓融入学生一点一滴的行为举止；辅导员兼任思政课教师，可以充分利用其学生工作经验，增强课堂育人的感染力，同时又能提升辅导员的理论素养。思政课教师与辅导员的双向融合应高度重视、一以贯之，首先，学校应做好顶层设计，认真研究，高效决策，形成专门的文件规范，确保工作的科学化、严肃性和可持续性。其次，思政课教师和辅导员的管理部门 —— 马克思主义学院、学生工作处、各院系三者应密切交流与协作，共同打造双向融合的育人共同体。最后，思政课教师与辅导员应充分珍惜、高度重视，履行好各自的双重角色，提升各自的育人本领。

第六章　中华优秀传统家训融入大学生日常思想政治教育的实践理路

第一节 传承经典，认真研习历代优秀家训

一、传承经典是中华优秀传统家训融入大学生日常思想政治教育的基本前提

（一）经典：经久不衰的典范

经典，即经久不衰的典范，就是典范的、权威的、具有最大价值的事物，并且它的典范性、权威性和价值性不会随岁月的流逝而消退、减弱或改变。经典也往往因它极高的典范性、权威性、价值性和经久不衰性，成为某一领域的杰出代表或象征符号。比如，"四书五经"是中国儒学经典，《史记》《资治通鉴》等是中国史学经典，唐诗宋词是中华诗词经典，《黄帝内经》《伤寒杂病论》《本草纲目》等是中医学经典，"四大名著"、《聊斋志异》等是中国古代小说经典，《共产党宣言》《德意志意识形态》《资本论》《哥达纲领批判》等是马克思主义经典著作。

经典家训之所以被称为经典，不在于篇幅长短，也不在于形式怎样，而是主要看它的思想价值，对后世的影响。有的经典家训，其作者在某个领域做出了卓越的成就，拥有崇高的地位，其家训就是其丰富阅历与深邃思想的总结和凝练，发人深省，启人心智；有的经典家训，作者不是名人要人，但其对家庭教育非常重视而潜心撰写，逻辑清晰，分析精辟，字字珠玑；有的经典家训，是其作者经

历了痛彻心扉的苦难经历或面临生死抉择时的肺腑之言，可谓字字是泪，针针见血，使人肃然起敬；有的经典家训，比喻新颖形象，道理深入浅出，给人留下深刻的印象；有的经典家训，语言活泼生动，读来朗朗上口，受到广泛传诵。

（二）经典：传承彰显价值

在纪念马克思诞辰 200 周年大会上，习近平总书记指出，"共产党人要把读马克思主义经典、悟马克思主义原理当作一种生活习惯、当作一种精神追求，用经典涵养正气、淬炼思想、升华境界、指导实践。"[1] 传承马克思主义经典是这样，传承中华传统文化经典也是这样。

经典家训具有永恒的价值。经典家训是中华民族的思想文化观念和家国情感的集中体现，凝聚着中华民族几千年来广为认同和传承的道德规范和价值取向，具有丰富而深邃的思想内涵。只有掌握了经典家训具有永恒价值的思想精华，才能在高校中更好地开展以"天下兴亡、匹夫有责"为着力点的家国情怀教育，引导大学生增强身为一名中国人的自豪感和自信心；才能更好地开展以"仁爱共济、立己达人"为着力点的社会关爱教育，引导大学生正确认识个人在社会中的位置，处理好个人与他人、个人与集体的关系，做讲道德、讲文明、讲信用、讲风格的中国人；才能更好地开展以"正心笃志、崇德弘毅"为着力点的人格教育，引导大学生遵纪守法、勤劳向上，养成高尚的道德品质和为人处世良好的行为习惯。

传承经典家训就是传承优秀传统文化。家庭是社会的基石，"齐家"是"治国""平天下"的前提，因而以"整齐门内，提撕子孙"为目的的家训文化受到人们的一贯重视，在我国的教育史和文化史上

---

[1] 习近平.习近平在纪念马克思诞辰 200 周年大会上的讲话 [N].人民日报,2018-5-5(2).

占有非常重要的地位，并且已经成为中华民族独具特色的宝贵文化遗产。第一，传统家训的教化内容极其丰富，几乎涉及各个生活领域，但其核心始终是睦亲治家、为人处世、教子立身三个方面。因此，家训既是传统社会指导、规约家庭成员的行为准则，也是居家生活、轨物范世的家庭教育教科书。第二，传统家训文化是在我国血缘和宗法农业社会中产生和逐渐发展起来的，它以孔孟之道的儒家文化为基本核心，通过独特的教育方式确保传统家庭和社会生活的稳定，促进了我国农业社会的发展成熟和进步。第三，传统家训有效倡导了在家庭和宗族中保持睦邻友好、修身养性、谦逊待人等伦理道德原则，培养了为国为民的贤良官员，促进了家庭与国家一体化机制的稳固。可以说，家训作为国家法律的重要补充，在维护家庭和宗族稳定、规范基层社会秩序、确保国家长治久安等方面发挥着重要作用。第四，传统家训语言浅显易懂，广泛流传于基层社会，推进了孔孟儒家文化的亲民化和社会化，对儒家文化的传播起到了促进的作用。传统家训是传统文化的重要组成部分，是我们祖先留下的宝贵文化遗产，传承经典家训就是传承优秀传统文化，对我们实施文化传承工程，推进优秀家风培育和家庭、社会建设具有重要的现实意义。

传承经典才能运用经典。传统家训的文献典籍卷帙浩繁，我们不可能去一一学习研究，但其中的经典文献是应该认真学习和掌握的。只有掌握了经典，才能传承经典、运用经典，才能转化和发展经典。古代家训受传统伦理道德思想影响，内容上主要为仁义礼智信、温良恭俭让，虽然有落后于时代的旧思想、旧观念，但更多的仍是强调忠于国事、孝敬父母、友悌兄弟、和顺夫妇、团结亲族、和睦邻里、谨慎交友、严守规约、奉公守法、励志好学、勤奋节俭、谨言慎行、宽仁容让、尊师敬长等优秀传统。正是这些优秀传统，营造了中华民族博大、深厚的精神家园。

只有掌握了这些前人留下的语重心长的箴言警句，才能激发它们的正能量，才能运用它们感染并影响大学生的思想。

二、经典家训辑要

中华传统经典家训名目繁多，此处按照时间顺序，以表格的形式将部分具有代表性的经典家训做一简略介绍，以飨读者。

序号	时间	作者	题目	导读	内容提要
1	西周	周公	诫伯禽书	周公姬旦是西周初年著名的政治家。周初，周公因为成王年幼，决定留在朝中一心辅佐，让其子伯禽前往鲁国袭封。本文就是伯禽临行前，周公告诫他的话。这篇家训充分体现了周公"满招损，谦受益"的处世原则，后来伯禽谨遵父亲的教导，到封地鲁国后，始终坚持以周礼治国，苦心经营，使鲁国快速发展，最终成为周王朝在东方的一个重要邦国	周公谆谆教导儿子伯禽要学习自己"一沐三握发，一饭三吐哺"的待人之道，劝诫儿子伯禽到封地之后要以恭、险、卑、畏、愚、浅六字"谦德"时时警醒自己，务必要谦虚谨慎，戒骄戒躁，只有这样才能使自己长期立于不败之地
2	春秋	孔子	教子	孔子，春秋末期思想家、政治家、教育家，儒家学说的创始人，相传有弟子3000人，其中有名的有70余人。自西汉以后，孔子学说成为两千余年传统文化的主流，影响	这段话出自《论语·季氏》，记述的是孔子站在庭院里训诫儿子的一段对话。孔子在家庭教育中要求儿子孔鲤学诗、学礼，从中学习古代文化，熟悉古代社会典

序号	时间	作者	题目	导读	内容提要
2	春秋	孔子	教子	极大。现存《论语》一书，记有孔子的谈话及孔子与门人的问答，是研究孔子学说的主要资料	章制度和道德规范，这样才能懂得如何为人处世，从而在学业和道德方面有所建树。古人称父教为庭训，即源于此
3	春秋	曾参	教子勿欺	曾参，春秋末年思想家，儒家学派的代表人物之一，七十二贤之一，儒学五大圣人之一，孔庙四配之一，被后世尊称为"宗圣"。他认为教育儿子诚实勿欺，首先要求做家长的应言而有信，否则等于教子欺骗。其言行散见于《论语》各篇及《史记·仲尼弟子列传》，《大戴礼记》中有《曾子》十篇	"曾子烹彘"出自《韩非子》，讲述了曾子用自己的行动教育孩子要言而有信，诚实待人。同时这个故事也教育成人，自己的言行对孩子影响很大。待人要真诚，不能欺骗别人，要懂得以身作则
4	战国	孟母	孟母教子	孟子，战国时期儒家思想代表人物之一，中国古代思想家、哲学家、政治家、教育家，后世尊称"亚圣"。孟母教子包含"孟母三迁""断机教子""买肉啖子"三个小故事，主要讲述了孟母教育孟子的三个典型做法，有利促进了少年孟子的成长成才	"孟母教子"出自《列女传》。"孟母三迁"讲的是孟母为了教育儿子成才，三次搬家选择良好的环境，为孟子创造学习条件的故事；"买肉啖子"讲的是孟母如何以自己的言行对孟子施以诚实不欺的品德教育的故事；"断机教子"讲的是孟母鼓励孟子读书不要半途而废的故事

序号	时间	作者	题目	导读	内容提要
5	西汉	刘邦	手敕太子文	刘邦，汉朝开国皇帝，中国历史上杰出的政治家、卓越的战略家和军事家。公元前195年，刘邦因讨伐英布叛乱，被流矢射中，这篇家训就是刘邦在病危之时写给长子刘盈的，语言朴实，言简意深，循循善诱，语重心长	作为皇帝和父亲，刘邦在家训中毫不掩饰地反省了自己当年认为读书无用，并鄙薄侮辱读书人的错误做法。此外，他以尧舜为例，以自己治理朝政的深切体会，讲明帝位的责任之大，并告诫儿子要任人唯贤，要勤于读书习字，凡批复奏疏要亲自动笔。他还谆谆教诲太子，对那些年长的开国功臣要尊敬
6	西汉	司马谈	遗训	司马谈，西汉史学家、思想家，著名史学家司马迁之父。他博学多识，早年在担任太史令时，有机会接触到大量的文献资料，曾立志撰写一部通史。元封元年(前110)，司马谈在随武帝封禅泰山途中病倒，儿子司马迁赶来探望，病榻之前，他嘱托儿子，希望在他死后，能继承他的事业撰写一部史书。司马迁不负父亲之遗训，最终写出被誉为"史家之绝唱，无韵之离骚"的《史记》而名垂青史	司马谈认为，自孔子死后，至今已经有近400年，这期间"诸侯兼并，史记断绝"。现今国家统一，皇帝英明，臣子贤良，众多的杰出事迹没有人记载，作为太史而没有尽到自己的职责去记述史实，内心感到十分愧疚和惶恐。他嘱咐儿子一定要继承他未竟的事业，撰修史书。他认为侍奉亲人、为君主做事的最终目的在于扬名于后世，以彰显父母，这才是最大的孝道

序号	时间	作者	题目	导读	内容提要
7	东汉	闻喜裴氏	河东裴氏家训，河东裴氏家戒	裴柏村，位于山西省闻喜县礼元镇。自汉永建初年(126)裴氏先祖裴晔迁居于此后，家族繁盛，人才辈出，先后出过宰相59人，大将军59人，正史专门立传者600余人。裴氏家规的订立最早始于裴氏先祖、北朝名臣裴良。在奉公之余，裴良着手整理祖上口口相传的遗训，动笔撰写了《宗制》10卷。隋唐时期，河东裴氏发展到鼎盛阶段，家规日臻完善。明万历二十四年（1596），裴氏五十五世孙裴濂修订《河东裴氏族戒》9条。经过不断地总结完善，裴氏家规于清末民初最终修订完成，分《河东裴氏家训》《河东裴氏家戒》两大部分。《家训》是正面引导，劝人从善。《家戒》是负面清单，警诫后人，一正一负，泾渭分明，而又相辅相成	《家训》12条400余字，核心内容为：敬祖孝亲，兄友弟恭，和睦乡邻，勤俭持家，读书明道，谨言慎语，讲求公德前5条强调的是忠孝仁义，后7条则是并行的处世之道，涵盖了对后人"德、能、勤、绩、廉"等方面的要求。《家戒》共10条600余字，连立10个"毋"字：毋忤尊亲，毋辱祖先，毋重男轻女，毋事赌博，毋为盗窃，毋贪色淫，毋吸烟毒，毋酗酒好斗，毋忘本崇洋，毋入帮派。这10个"毋"戒律严明，字字千钧，不允许有丝毫的逾越
8	三国	刘备	遗诏敕刘禅	刘备，汉景帝子中山靖王刘胜之后。他早年丧父，与母亲贩履织席为业，喜好结交豪侠。东汉末年，他招募兵	刘备在遗诏中告诫儿子"勿以恶小为之，勿以善小而不为"，劝勉刘禅要进德修业，有所作为。言外之意更

序号	时间	作者	题目	导读	内容提要
8	三国	刘备	遗诏敕刘禅	将镇压黄巾起义。后三顾茅庐得到诸葛亮的辅佐，东联孙权，在赤壁大败曹操，与曹魏、孙吴形成鼎足之势。后来，曹丕废汉献帝称帝，刘备也在成都称帝，国号汉，史称蜀汉。章武三年(223)四月，刘备在白帝城病情恶化，从成都招来丞相诸葛亮，以后事、刘禅、江山相托付。此篇文章是刘备死前写给儿子刘禅的遗诏	是注重自己的点滴言行，不要因为善事小而不去做，也不要因为恶事小而任意为之，"千里之堤，溃于蚁穴"，一定要防微杜渐。此外，在治国理政上，更须重用贤能之人，只有"惟贤惟德"，才"能服于人"。遗诏言辞恳切，读之令人莫不动容
9	三国	诸葛亮	诫子书	诸葛亮，三国时蜀汉丞相，杰出的政治家、军事家、文学家、发明家。刘备死后，他尽心辅佐后主刘禅，蜀国军政大事全由他裁决。他多次率军北伐曹魏，但兴复汉室之业终未成功，死后被追谥为忠武侯，后世民间对其无比尊崇，成为忠臣、智慧的化身	诸葛亮学富五车，人品高洁，在这封写给儿子的家书中，充满了父亲的拳拳之心和殷切希望。其中"静以修身，俭以养德。非淡泊无以明志，非宁静无以致远"这一名句，千百年来流传甚广
10	晋	客家族人	客家家训	客家人源于中原地区的汉族。晋永嘉之乱后，客家先祖经过黄河、长江，历经千辛万苦，来到现在的赣南、闽西、粤东地区。定居以后，客家人创办私塾教育	客家人的祖训家规，不同姓氏虽有差异，但却有共同之处那就是将"礼义廉耻"奉为做人的根本，视"孝悌仁爱"为立身处世之要义，把为国尽忠作为责任担当。客

序号	时间	作者	题目	导读	内容提要
10	晋	客家族人	客家家训	子女。家族中德高望重者订立族规家训，这些族规家训或者记在家谱中，或者镌刻张贴在土楼里，不断激励客家子弟奋发有为	家土楼是承载客家精神的重要物质载体。在福建龙岩市永定区的客家土楼里，客家人的家规家训随处可见，是客家人立身、处世、创业、治家的座右铭。这些家规家训秉持中华文化的伦理道德观念，寄托着土楼客家先祖的信仰和憧憬，激励着客家后人弘扬祖德、振奋家声
11	南北朝	颜之推	颜氏家训	颜之推，北朝大臣，有很深的家学渊源。他博览群书，喜好词章。初仕为梁元帝散骑侍郎，江陵被西魏攻陷后被俘，后携家逃奔北齐，官至黄门侍郎、平原太守。齐亡后入北周，为御史上士。隋代周后，他又于开皇年间应隋文帝太子之召为学士，不久病死。作为生活在战乱频繁的南北朝时期的饱学之士，颜之推历任四朝，一生坎坷，目睹并认识到许多豪门大族的兴衰存亡与其子弟有很大关系。他以此为背景，结合自己修身、处世经验撰写的《颜氏家训》，是我国封建社会第一部系统完	该书内容极为广泛，涉及当时政治、学术等许多方面，而对立身、治家、求学、处世等论述尤为详尽，旨在教育后代按照封建道德准则加强修养，做到诚孝、慎言、检迹、立身、扬名、耀祖光宗。其中有不少有价值的内容，尤其在家教的原则与方法、个人治学与道德修养等方面的论述，至今仍值得我们继承与借鉴

序号	时间	作者	题目	导读	内容提要
11	南北朝	颜之推	颜氏家训	整的家教著作，对后世影响极大	
12	五代十国	钱镠	钱氏家训	钱镠，五代十国时期吴越国创建者。他所在的家族临安钱氏世代门风谨严，人才兴盛。自唐末以来，载入史册的名家逾千人。近代以后不管是在文化还是科技领域，钱氏杰出人才云集，被公认为"千年名门望族两浙第一世家"。钱氏家族自钱镠始就留下"武肃王八训""武肃王遗训"等家训，后来钱氏后人总结前代治家思想，编订《钱氏家训》，共分个人、家庭、社会、国家四个篇章，成为一部饱含修身处世智慧的治家宝典	"子孙虽愚，诗书须读。"尊师重教、读书明理，成为钱氏家族的重要家风。作为一种王室家训，《钱氏家训》在"修身齐家"之外，更强调了"治国平天下"的内容，"化家为国"的家国情怀始终贯穿其中，这也是《钱氏家训》区别于一般家训的最大特色。"心术不可得罪于天地，言行皆当无愧于圣贤""私见尽要铲除，公益概行提倡""利在一时固谋也，利在万世者更谋之"。这些警句总是谆谆教导子孙不要做蝇营狗苟的"小我"，而要做利国利民的"大我"
13	北宋	范仲淹	告诸子及弟侄	范仲淹，北宋政治家、军事家、文学家，官至参知政事，谥号文正。范仲淹非常重视家训，他亲自制定了《六十一字族规》和《义庄规矩》，专门写了《告诸子及弟侄》。其名篇《岳阳楼记》中的"先天下之忧而	范仲淹这封书信对子侄的训诫可谓面面俱到，要求宗族子弟谨言慎行、忍穷免祸、勤学精业、养生处世、清廉为官。他特别强调"清心做官，莫营私利""莫纵乡亲来部下兴贩""守官处小心不得欺事"。范仲淹能身体

序号	时间	作者	题目	导读	内容提要
13	北宋	范仲淹	告诸子及弟侄	忧，后天下之乐而乐"传颂千古	力行，风清气正，并以此教导家人，难能可贵
14	北宋	包拯	家训	包拯，北宋名臣，他审案明察，执法严峻，不畏权贵，不徇私情，清正廉洁，令行禁止，有"包青天"及"包公"之名，身后成为家喻户晓的"清官"典型。包拯的家训重点在"为官清廉"这几个字上。包拯专门将此家训刊刻后"竖于堂屋东壁，以诏后世"	整则家训言语不多，不谈国法如山，不论修身养性，而是直戳"赃滥"二字，连用两个"不"字，一个"非"字，字字斩钉截铁，不容有丝毫违悖，读来有种凛然清刚之气逼人的感觉
15	北宋	欧阳修	诲学说	欧阳修，北宋政治家、文学家，宋代文学史上最早开创一代文风的文坛领袖，其散文说理畅达，抒情委婉，领导了北宋诗文革新运动，继承并发展了韩愈的古文理论，为"唐宋八大家"之一	欧阳修告诫儿子，人好比玉石，只有雕琢磨砺才能有所成就，如果不能排除外界的影响，读书求学，砥砺前行，品德修养就得不到提升
16	北宋	司马光	训俭示康	司马光，北宋政治家、史学家、文学家，历仕四朝，官至尚书左仆射兼门下侍郎，著有我国第一部编年体通史《资治通鉴》	《训俭示康》是司马光写给其子司马康，教导他应该崇尚节俭的一篇家训。全文紧紧围绕"成由俭，败由奢"的道理教诲儿子，说理透辟，有理有据，旨深意远，反复运用对比，增强了文章的说服力

序号	时间	作者	题目	导读	内容提要
17	南宋	陆游	示儿	陆游，南宋爱国诗人、词人，官至宝章阁待制。其诗今存九千余首，清新圆润，格力恢宏。《示儿》为陆游的绝笔诗，此时陆游85岁，在临终前，给儿子们写下了这首诗。这既是诗人的遗嘱，也是诗人发出的最后的抗战号召。陆游的一生，是慷慨激昂的一生，时刻希望国家统一，虽然未能实现，却始终初心不改	从诗中可以领会到诗人的爱国激情是何等的执着、深沉、热烈、真挚，也凝聚着诗人毕生的心事，既有对抗金大业未就的无穷遗恨，也有对神圣事业必成的坚定信念。题目是"示儿"，相当于遗嘱。在短短的篇幅中，诗人披肝沥胆地嘱咐着儿子，浓浓的爱国之情跃然纸上
18	南宋	袁采	袁氏世范	袁采，南宋官吏，颇有政声，以廉明刚直著称。此书初名《俗训》。刊行时，由其太学同舍生府判刘镇作序。刘镇认为，该书可以"远诸四海""垂诸后世""兼善天下"，因而更名《世范》，世称《袁氏世范》。《四库全书》纂校者在《提要》中对该书评价甚高，赞为"《颜氏家训》之亚"	《袁氏世范》共三卷，分《睦亲》《处己》《治家》，对于立身处世、持家之道论述极为详尽，见解明白切要，言辞也很笃诚。本书的论理并不古板正统，相反，袁采思想开明，甚至敢于反传统。他是从实用和近人情的角度来看待立身处世原则的，而不是像一些老学究那样，把"四书五经"、孔孟之道那一套伦理强加于人
19	明	郑太和等	郑氏规范	郑义门，被称为"江南第一家"，位于浙江省金华市浦江县郑宅镇，是中国古代	全书就其内容可分为宗祠祭祀、家长职责、子孙准则、妇女戒律等若干部分。值得

序号	时间	作者	题目	导读	内容提要
19	明	郑太和等	郑氏规范	家族文化的重要见证。郑氏家族历经宋、元、明三朝，聚居共爨360余年，以孝义流芳于世，事迹在《宋史》《元史》《明史》均有记载。《郑氏规范》共168条，成为中国传统家训的重要里程碑。郑太和，又名文融，元代著名孝义之士。《郑氏规范》并非郑太和一人所著，其后辈郑钦、郑铉都曾有所增补，孙辈郑涛最终增删刊行	称道的是,郑氏对子孙制定的行为准则甚得善教之法。主张"为人之道，舍教其何以先?当营义方一区，以教守族之子弟"。他教诫子弟须"恂恂孝友，闻钟即起"
20	明	王阳明	示弟立志说	王阳明，名守仁，字伯安，明代著名哲学家、思想家、教育家和军事家，官至南京兵部尚书，封新建伯，谥文成。王阳明家教的核心是良知教育，主张"蒙以养正"，把勤读书、早立志、学做人、做好人作为家庭教育的重中之重	正德九年(1514)秋，王阳明之弟王守文来南京从师于王阳明。次年夏季返乡之时，王阳明专门与弟弟深谈，弟弟感觉茅塞顿开，但是记不住，央求王阳明写下来，于是便有了《示弟立志说》。本文字里行间尽显骨肉至亲之厚意，其言辞恳切，令人动容。该文章也显示出王阳明对于立志的深刻认识。志是一种强大的意念和意志，是体内力量、精神、情绪的统帅。人当有志，如木之有根，水之有源，生命才有了意义

序号	时间	作者	题目	导读	内容提要
21	明	庞尚鹏	庞氏家训	庞尚鹏，明代官吏，官至右金都御史、福建巡抚。该家训是庞尚鹏于隆庆五年(1571)被弹劾罢官，在家乡闲居之时所作，在当时及后世，都备受推崇	家训共包括"务本业""考岁用""遵礼度""禁奢靡""严约束""崇厚德""慎典守""端好尚"等八篇，篇末另附有"训蒙歌"和"女诫"两篇，作为训诫五岁男童和六岁女童的专用教材
22	明	袁黄	了凡四训	袁黄，号了凡，明代思想家，曾任天津宝坻知县，勤廉爱民，颇有政绩。该家训颇受后人推崇。曾国藩20岁时读后深受触动，改号"涤生"。"涤者，取涤其旧染之污也"，而"生者"则取自《了凡四训》中的"从前种种，譬如昨日死；以后种种，譬如今日生"。"涤生"昭示了他告别过去、追求崭新境界的决心	《了凡四训》是袁了凡撰写的一部具有劝善性质的家训著作，包括"立命之学""改过之法""积善之方""谦德之效"四篇，以自己的亲身经历，谆谆告诫子孙行善积德，勇于改过
23	明	姚舜牧	药言	姚舜牧，明代官吏、学者，曾任广东新兴、江西广昌知县，为官清正。书中所记既有作者平日所承父训教导之言，又有闻于故老之语，还有自己的人生心得。此书刊行后受到了人们的欢迎，有人认为病莫大于病心，心病	全书共128条，开篇便提出"孝悌忠信礼义廉耻"，此八字是全书的核心，然后便围绕这八字展开论说，其中不乏可取之言。《药言》极为重视对日常生活、世俗人情经验的总结，这些议论朴素、平易、实用，语言质朴

序号	时间	作者	题目	导读	内容提要
23	明	姚舜牧	药言	更难医治，而姚氏独创一方，著为方书，正是治心病的良方，于是便把这部家训更名为《药言》	明快，杂以格言警句，道理是非分明
24	明末清初	孙奇逢	孝友堂家训	孙奇逢，明末清初学者。万历举人，一生不仕，专事讲学著书，为理学大家，与东林党人左光斗等交谊甚厚。《孝友堂家训》由孙奇逢的后人辑录孙氏训其子、侄、孙之语而成	这部家训强调家教的重要性，提倡端蒙养、慎所习，强调读书在于明义理而非仅仅追求科第，识字在于身体力行、实行践履，进业修德则在于"以文会友，以友辅仁"。家训中包含了许多流传后世的格言名句，如"子弟不成人，富贵适以益其恶；子弟能自立，贫贱益以固其节"等，这些内容涉及为人处世、亲师取友、待人接物等多个方面，旨在教育和引导子孙后代成为有道德、有修养的人
25	明末清初	朱柏庐	治家格言	朱柏庐，名用纯，号柏庐，明末清初理学家、教育家。《治家格言》，世称《朱子家训》，劝人勤俭持家、安分守己	本则家训虽仅有500多字，却以格言警句的形式，讲了许多为人处世、治家修身之道，读来朗朗上口。由于它通俗流畅、富含哲理，清代曾将它作为蒙学课本，故而流传甚广
26	清	张英	聪训斋语	张英，清初名臣，官至文华殿大学士兼礼部尚书。其子	《聪训斋语》分两卷。第一卷记录他辞官退隐后，"随

序号	时间	作者	题目	导读	内容提要
26	清	张英	聪训斋语	张廷玉，官至保和殿大学士兼户部尚书、首席军机大臣。父子两人品行、学识俱佳，被誉为"父子宰相"	所欲言"地对长子张廷瓒的训示；第二卷是在京为官期间，教育留在家中的三子张廷璐等的言论。文气畅达，语言雅驯，情调飘逸，更多卓见远识，既有伦理教育意义，也有相当的文学色彩
27	清	乔家大院	乔氏家训	乔家大院位于山西省晋中市，始建于清代乾隆年间，是晋商乔氏家族的祖宅，由在中堂、德兴堂、宁守堂、保元堂和花园组成。乔家大院布局庄重，设计巧妙，充满中国传统文化特色。乔氏自乔贵发开始立家训，至乔致庸时臻于完善	乔氏家训的核心内容为"六不准"：不准纳妾，不准赌博，不准嫖娼，不准吸毒，不准虐仆，不准酗酒。乔氏先祖要求子孙口口相传，永不违犯
28	清	林则徐	赴戍登程口占示家人	林则徐，清代著名政治家、思想家，因主持"虎门销烟"，被誉为"民族英雄"。本诗作于清道光二十二年（1842），林则徐因禁烟受到朝廷谪贬，与家人分别时有感而作	本诗格调苍凉悲壮，表达了林则徐深沉而坚定的爱国之情，其中"苟利国家生死以，岂因祸福避趋之"一句广受赞誉
29	清	曾国藩	遗嘱	曾国藩，晚清中兴名臣，官至两江总督、直隶总督、武英殿大学士，封一等毅勇侯，谥号文正，是中国近代史上最有影响的人物之一	遗嘱包括四条原则：慎独则心安，主敬则身强，求仁则人悦，习劳则神钦。它既是曾国藩对儿辈的告诫，也是对自己一生为人处世的总

续表

序号	时间	作者	题目	导读	内容提要
29	清	曾国藩	遗嘱	曾国藩极为重视家训，以训诫子弟为大任。他总结祖父的"治家八诀"，又扩充提出"八本家训"。他一生写下千余封家书，内容涵盖经邦纬国、治学修身、居家日常等方方面面，具有极强的说服力和感召力，流传很广，影响巨大	结。慎独、主敬、求仁的关键是能否习劳，勤则有材而见用，逸则无能而见弃。这些思想，既是对儒学的发扬光大，也具有重要的历史和现实价值
30	清	林觉民	与妻书	林觉民，中国民主革命者，14岁进福建高等学堂，毕业后到日本留学，加入同盟会，从事革命活动。清宣统三年(1911)参加广州起义(黄花岗起义)，受伤被捕，从容就义，为黄花岗七十二烈士之一	本则家训是林觉民在1911年4月27日黄花岗起义前写给其妻子陈意映的诀别信，表达了革命者"为天下人谋永福"而不惜牺牲个人利益乃至生命的博大胸怀和视死如归的大无畏精神，读来感人肺腑，催人泪下

三、传承经典要学懂弄通、学以致用、学有所悟

（一）学懂弄通

学懂要自觉主动学，不是"要我学"，而是"我要学"，不靠别人提醒或督促，而是从心底认识到学习的重要性；要持之以恒学，不是"三天打鱼，两天晒网"，而是不间断地长期坚持学；还要深入理解学，不仅要理解知识的表面含义，还要深入思考、理解其背后的原理和逻辑，做到真正掌握和运用，而不是机械地记忆和重复。弄通要把学习经典家训同学习中国传统家庭教育、传统社会发展、传统思想文化贯通起来，把握传统家训的理论逻辑；要把学习经典家

训同学习中国古代史、中国近代史贯通起来，把握传统家训的历史逻辑；要把学习经典家训同中华儿女创造辉煌文明、推动社会进步与近代以来不屈不挠地探索救国救民之路的实践贯通起来，把握传统家训的实践逻辑。

学懂弄通还要注意细心揣摩和严格鉴别，坚持批判地继承的原则。这是由传统家训的历史性所决定的，是尊重传统家训的辩证法，是对待传统家训的科学态度。从新时代的社会环境和积极、乐观、开放、进步、科学的思想角度出发，有分析、有判断、有区别、有选择地对待传统家训，去粗取精，去伪存真。对于传统家训中的精华，应认真揣摩，结合当时的历史环境弄清其来龙去脉，理解其深层含义，分析当下最新的时代背景，思考其应用价值和实现途径。学懂弄通的过程也是一个不断提高自己的过程。在学习过程中，要注重不断反思和总结，发现自己的不足和问题，并积极采取措施加以改进。要注重与他人的交流和合作，通过与他人的交流和合作，互相学习和借鉴，取长补短，共同进步。

（二）学以致用

"纸上得来终觉浅，绝知此事要躬行。"学习不是"为了学习而学习"，而是要将学到的知识和本领融会贯通，用到实际工作中去，用到解决更多的问题中去。有的人很重视学习，自觉主动学，深入理解学，持之以恒学，但学完之后呢？思想没有多大变化，工作能力没有进一步提高，感觉学了跟没学区别不大。究其原因，就是学习仅限于学习，没有将学习作为提高思想意识和工作能力的阶梯，没有将学习与实践结合起来，做到学以致用。因此，理论要与实践相结合，脱离了实践，知识再多，也是无源之水，无本之木。

学以致用是学懂、弄通的出发点，也是落脚点。学以致用要理论联系实际。联系工作实际，往实里走；联系思想实际，往心里走；
找到解决问题的办法，往深里走。将学到的家训知识应用到实际工
作和生活中，为实现个人的进步和社会的发展发挥积极作用。学以
致用的重点应放在提高大学生对中华优秀传统家训的主动学习、思
考和探究上，坚定大学生的文化自信，增强他们的转化创新意识，将
传统家训的精华内化为自己的思维方式和行为准则，将传统家训的
传承发展和弘扬作为自己光荣的使命和责任。

（三）学有所悟

传统家训体系完整、逻辑严密、内涵丰富，要在学懂弄通、学
以致用的基础上加大"用心感悟"的力度。从修身、齐家、治国、平
天下的获得感、成就感中，进一步领悟传统家训的实践伟力；从它
对个人成长规律、社会治理规律、国家兴衰规律的揭示中，进一步
领悟传统家训的理论张力；从它对家国一体的情怀、为人处世的规
范、自立自强的操守、教育子女的方法的引领熏陶中，进一步领悟
传统家训的思想魅力。

学有所悟要使学生领悟中华优秀传统家训与传统社会政治、思
想、文化、教育的关系，领悟传统家训作为中华优秀传统文化的重
要组成部分的独特地位，领悟传统家训与家风、家教的关系，领悟
家训作者以怎样的人生阅历才能在生命的最后时刻留下如此警醒世
人的箴言，领悟怎样在当代社会弘扬、发展和转化传统家训，领悟
传统家训的"修身齐家治国平天下"怎样与社会主义核心价值观结
合起来，怎样把个人梦与实现中华民族伟大复兴的中国梦结合起
来，领悟怎样把传统家训的思想精华转化为实际学习、工作中的科
学指导和强劲动力。

华东师范大学古典校园建设以校园为主要文化空间和传习场所，

辐射附近社区及海外，依托学校各院系专业优势，遵循学懂弄通、学以致用、学有所悟的基本原则，着力推进建设经典阅读工程、民俗体验工程、非遗研习工程、艺术普及工程、文艺创作工程这五大工程，培育学生家国情怀，弘扬社会主义核心价值观，在思想教育、人才培养、社会服务等方面都取得了良好的成效。

第一，经典阅读工程。2015 年起开设国学工作坊，邀请专家讲解先秦诗书、六朝小品、唐宋书法等传统文化精粹，开设国学经典读书会，举办各种沙龙。此外还定期举办各类专题书展，广受师生好评。设立"经典阅读"校园主题活动日，每年 4 月 18 日举行，旨在倡导校园阅读经典风气。活动日集名家讲座与师生讨论于一体，在校园范围内掀起阅读经典著作、传承中华文化的热潮。举办"我读经典"征文大赛，创办 13 年来，参与对象由校内扩大至全国，吸引了全国 20 余所高校学子踊跃参与。

第二，民俗体验工程。举办传统节日校园传承活动。自 2014 年起，在清明、端午、中秋、重阳四大传统节日中以学习研讨、民俗展演、传统教育等形式弘扬中华民族节日的精神内涵。近年来共举办讲座、文化研讨会 30 余场，开展扫墓带柳、舞龙荡船、登高插茱萸等民俗活动 20 余次。

第三，非遗研习工程。举办年画、鲁庵印泥和琉璃制作三场大型非遗文化展览，每场展览配套多项教育活动，并进行线上推送，向青年学子推广非遗文化。同时，展览也走出校门，走进社区和中小学，进一步扩大影响力。两年来，邀请 10 余名非遗传承人走进校园，如江南手织布——三林标布传承人、端午香囊制作非遗传承人等，与青年学子近距离交流，为师大学子教授非遗技艺。

第四，艺术普及工程。依托学校"大夏舞台"品牌，组织高水平的戏曲文化演出，展现传统艺术的魅力；发起全国大学生篆刻大展暨现场创作大会；建设"书法小联合国"；开展"传统文化季"活动。

第五，文艺创作工程。面向全国中学生，组织了多届"青史杯"全国历史剧赛，征集超过1500份原创历史剧本。通过中西方作曲技法、演奏法来表达古诗词优美的意境与形式。依托我国悠久的尊重师德的优良传统和学校的历史积淀，创作歌曲《师说》，登上央视，并荣获教育部第一批高校原创文化精品推广项目。

第二节 贴近实际，使学生感受到关怀和温暖

一、贴近实际是中华优秀传统家训融入大学生日常思想政治教育的首要遵循

习近平总书记指出，"思想政治工作从根本上说是做人的工作，必须围绕学生、关照学生、服务学生。"[1]因此，了解和贴近学生实际，帮助学生解决他们关切的问题，是思想政治工作必须做的。

大学生的客观实际，包括身体健康，也包括家人家庭；包括学习工作，也包括饮食住宿、休闲交往；既涉及物质利益，也涉及精神满足；既涉及思想政治的方向，也涉及经济文化的发展；既涉及学校的象牙塔，也涉及社会的大熔炉。他们思想活跃，情绪敏感，往往自我意识强而社会责任感弱、竞争意识强而抗挫能力弱、参与意识强而辨别能力弱、理论意识强而实践能力弱。他们可能会面临身体疾病、心理障碍、家庭经济困难、厌学、人际关系紧张、不愿意就业、对未来没有规划等形形色色的问题。他们有的比较积极，当

---

[1] 习近平.把思想政治工作贯穿教育教学全过程开创我国高等教育事业发展新局面[N].人民日报,2016-12-9(1).

自己不能解决面临的困难时会主动求助，这样就有利于问题的顺利解决。但有的会消极、被动，不能坦然面对问题，甚至会回避或掩盖问题。这些情况可能并不起眼，但却是实实在在的，如果不能及时发现和解决，就会积少成多，积重难返，最终酿成严重后果。因此，思想政治教育既要教育人、引导人，又要关心人、帮助人。

"安得广厦千万间，大庇天下寒士俱欢颜。风雨不动安如山。"曾几何时，不惧风雨的居所成为人们梦寐以求的奢望。最基本的需要不能满足，其他一切都是空谈。将传统家训融入日常思政教育，用家训中的原则和方法教育学生成才，不应着重锦上添花，而应注重雪中送炭，不是面子工程，而是民生工程，不是"口号震天响，行动轻飘飘"，而是要接地气，办实事，暖人心。大学生日常思想政治教育的工作，既要讲道理，更要办实事，既要以理服人，也要以情感人。只有紧密结合大学生的实际，让学生真切地感受到思想政治工作者是在引导他们发展成才、帮助他们思想释惑、为他们更好地生活，才能走进学生心灵，收到实实在在的成效。因此，贴近实际是此项工作的首要遵循。

二、贴近大学生的思想实际、发展实际、生活实际

近年来，为切实保证家庭经济困难学生顺利入学，高校建立了"绿色通道"制度，对被录取入学但学费、生活费等存在困难的新生，一律"绿灯"通行，先给予办理正常的入学，再核实其家庭经济的具体情况，有针对性地通过申请国家助学贷款、国家助学金、励志奖学金、勤工助学等方式予以资助。"绿色通道"使高校家庭经济困难的新生能够顺利入学，帮助他们在启航大学新征程时有动力、有信心、有希望，是确保普通高校家庭经济困难新生顺利入学的最直接

最有效的措施。顺利入学是大一新生迈向大学门槛的第一个、最直接、最实际的问题。这对绝大多数家庭来说都不是问题，但对极个别因各种原因导致家庭经济困难的学生来说，却是一个实实在在的难题。只有首先顺利地解决了这一问题，才能开启美好的大学生活。具体来说，将传统家训融入大学生日常思政教育，应注重贴近大学生的思想实际、发展实际、生活实际。

（一）贴近思想实际发挥引领作用

贴近思想实际，要掌握大学生的思想动态，引导大学生做社会主义核心价值观的坚定信仰者、积极传播者、模范践行者，使社会主义核心价值观教育真正契合大学生的思想实际，引导大学生树立正确的世界观、人生观和价值观。

贴近思想实际，要构建传统家训融入大学生日常思想政治教育的工作大格局。高校思想政治工作是一项复杂而又系统、涉及教师和学生方方面面的长期工程，需要整合、动员和汇聚各方面的力量，形成教育合力。要调动一切可以调动的力量，从大学生思想意识形成的规律出发，加强思想政治工作内容的丰富性、途径的多样性。思想政治工作是一个内涵丰富的整体，只有加强全方位的教育，形成全员全过程全方位育人格局，才能使思想政治工作渗透于学生生活的方方面面，收到春风化雨、润物无声的效果。

贴近思想实际，要注重工作方法改革与创新。我们必须根据形势的变化和大学生的思想实际探索传统家训融入大学生日常思想政治教育工作的三个基本转变。第一，从经验型向科学型转变。借助软件和网络了解大学生的思想信息，掌握大学生思想特点和行为的变化，增强思想政治教育的科学性。第二，从单向灌输型向双向交流型转换。双向交流型的方法不仅能更好地了解大学生的思想动态和问题，而且有助于提高思想政治工作的效果。第三，从集中型向多方向、多层次转换。只有如此，才能满足大学生多样化、个性化的成长需求，提高思想政治教育工作的针对性。

（二）贴近发展实际发挥建设作用

贴近大学生的发展实际，就是要在传统家训融入大学生日常思想政治教育过程中与其人生理想和职业规划结合起来。

第一，将中国梦与大学生的人生理想紧密结合起来。中国梦是中华民族的伟大复兴，是国家富强、民族振兴、人民幸福。中国梦既表达了国家社会层面的理想，也包含了作为追梦主体的个人的发展需求。在对大学生理想信念教育中要注重将中国梦与大学生个人发展紧密结合起来，使大学生明白中国梦是"全民共享出彩机会"的美好理想，引导大学生将个人发展与国家发展统一起来，既能实现自己的人生价值，又能为祖国的繁荣富强贡献力量。

第二，帮助大学生做好短期、中期、长期的职业生涯发展规划。人生是一个有目的地生存与发展的过程，大学生需要有科学、合理、可行的职业生涯规划，不仅有利于择业就业，而且有利于其长远的发展。我们要引导大学生给自己一个正确的定位，对社会有深入的认识，发挥自己的专业优势和素质特长，契合经济发展和社会治理的需求，使得职业生涯规划目标明确、步骤合理、策略得当、反馈及时、稳步推进。

（三）贴近生活实际发挥协调作用

贴近生活实际，就要在日常生活中和学生打成一片，多和学生谈心谈话，排查问题。要主动地向有困难的同学伸出援助之手，耐心深入地了解情况，开导学生，帮助学生，使其尽快摆脱困难。引导大学生严于律己，从自身做起、从点滴做起，坚持"勿以恶小而为之，勿以善小而不为"，自觉践行和坚持积极向上的行为习惯和健康科学的生活方式。要和家长应保持经常性的联系，如果必要且条件允许的话，可以适时家访，以便更有针对性地解决问题。

贴近生活实际，要着重引导大学生积极参与社会交往。大学生家庭成长环境往往比较单一，社会阅历普遍不足。一些大学生会出现不同程度的人际交往障碍，如不敢交往、不愿交往、不擅交往或不良交往等，对他们的身心健康产生了严重后果。因此，日常思政教育工作的一项重要内容，就是引导大学生树立科学的人际交往观，积极、广泛、正确地交往。这种交往首先从大学期间最基本的人际关系着手，如培养和谐的同学关系、师生关系和亲子关系，让他们在交往中学会待人接物，学会解决问题。同时要鼓励他们走出校园，通过积极参与社会实践与志愿服务活动，学会尊重、理解、沟通、宽容、诚信等人际交往的基本要求。

近年来，上海交通大学依托学校优势学科，围绕"建设海洋强国"战略要求，整合资源、精心设计，开展了"传承爱国心，织绘深蓝情，投身海洋行"系列教育活动。围绕理想传承、文化育人、实践行动脉络深入开展育人活动，结合学校的学科、地域、育人优势，贴近学生的思想、发展、生活实际，在全校范围内普及海洋知识，弘扬海洋精神，传承海洋文化，激励青年学子积极投身于祖国最需要的行业中。

学校通过立体化课程思政开展"爱国之心"铸魂育人。邀请老中青校内外的交大"海洋人"讲述成长历程和产业发展，以"励志讲坛"、"励行讲堂"、"励心讲坛"、新生课程思政第一课等为载体，把交大人在海洋强国路上"站出来救国""造出来富国""教出来强国"的精神作为价值引领，引导青年学生"扣好人生第一粒扣子"。通过文博科普教育彰显"深蓝之情"文化自信，依托董浩云航运博物馆、海洋工程科普基地，向在校师生、社会公众阐释"海纳百川"的海洋文化精髓、"上善若水"的海洋文化底蕴、"生生不息"的海洋文化内涵。通过"行万里路知中国情"践行"海洋之行"使命担当，开展党支部共建及社会实践活动。学生党支部与基层单位和重点行业党支部结对共建，覆盖陕西、四川、云南等 18 个省区市和船舶、机械等 10 个行业，通过主题党日、挂职锻炼、走访交流等形式，引导大学生党员深入社会基层，深入行业一线，在基层和行业中了解社会实际，把握前沿实际，历练发展实际。

"爱国之心"理想传承、"深蓝之情"文化育人、"海洋之行"实践行动。上海交通大学立足特色，贴近实际，着眼未来，引导学生了解"海洋强国"精神，将海洋强国精神内化为爱国热情，积极投身于国家需要的各项事业的建设中。

第三节 培育特色，赋能传统家训融入思政教育

一、培育特色是中华优秀传统家训融入大学生日常思想政治教育的关键一招

大学特色，是一所大学经过多年的发展而形成的"个性"和风貌，一种傲然屹立于高校之林所具备的长项和优势，是大学对所处地域社会经济发展需要、所肩负的科学文化使命、所具有的教书育人传统的深刻理解、准确把握和系统整合。一所大学所具有的特色是其充分展示实力、趋于卓越的必要条件，是其存在、维系和发展的价值保障。特色既是核心竞争力形成的重要基础，又是核心竞争

力发展的必然结果。实施特色发展战略，走特色强校之路，越来越成为大学发展的普遍共识和必然选择。

大学生日常思想政治教育的特色化战略是高校为了保证思政工作的实效性和时代化，依据驻地地域文化、本校学科特点以及新时代科技手段而形成的育人特色，要因地制宜、因时制宜、因材施教，培育特色，彰显思想政治教育的灵活性和多样性。中华优秀传统家训思想和内容丰富多彩，将其融入思政教育，不能"拿来主义"，生搬硬套，也不能"放之四海而皆准"，搞一刀切，而是要"入乡随俗"、精准施策，与学科专业相结合，与地域文化相结合，与家训作者相结合。

二、结合实际培育特色

（一）学科专业特色

学科是学校育人的知识载体，对学校的定位具有全局性、根本性影响。一所大学即使综合实力平平，但只要拥有几个高水平特色学科，在全国或者某一区域形成教学科研或社会服务等方面的高地，那就是实力和优势的象征，即其他大学不具有的核心竞争力。学科特色是高校办学特色最本质、最核心的体现。因此，特色学科建设是高校特色化战略的重中之重和战略核心。

一般来说，高校特色学科建设主要有三种路径选择。一是依托传统优势学科。经过较长时间的发展和积累，高校在教育教学上是有所沉淀和有所成就的。由于多年的深耕细作，自身传统优势学科具备了其他大学难以企及的优势和高度，在此基础上建立重点学科就会相对容易得多。二是依托新兴学科。新兴学科的特点主要是"新"，学科新就意味着研究浅，建树少，机会多，这就给高校抢抓特色、赢得头筹提供了难得的机遇。三是依托区域经济社会发展。为社会发展培养人才是高校的一个基本职能。不同地域具有不同的资源、不同的习惯和不同的社会经济结构，立足地域，辐射周边，发挥区位优势，为高校特色学科建设提供了广阔的舞台。中国政法大学和北京舞蹈学院结合学科专业特色，在将传统文化融入思想政治教育方面做了大量卓有成效的工作。

碑石是中华法律文化的重要载体，是一份宝贵的文化遗产。古代法律碑刻内容是了解中国古代治国理政及法律应用的珍贵原生史料，深入祖国基层田野实践和研读碑文的过程也是一个增强制度自信、文化自信的过程。中国政法大学将传统法律碑刻与非物质文化遗产传拓技艺相结合，作为传承传统法治文化的重要载体与突破点，经过数年努力，积极探索中华优秀传统文化传承与创新的"法大模式"。该模式以"传统法制文明唤醒计划"为基础，秉承"一着力二保障六核心"的思路，以"碑石课堂"传统文化课程体系建设为着力点，以独有的高水平学术资源和师资团队为保障，紧紧围绕学术研究、课程建设、田野实践、社团建设、辐射传播、文化创新六个核心内容开展工作，鼓励师生用自己的方式唤醒沉睡的法制文明。以该文化传承创新成果为基础，学校搭建法律碑刻与传拓文化育人平台。

为全面贯彻落实党的十八大精神和习近平总书记的系列讲话精神，以习近平新时代中国特色社会主义思想为指导，弘扬中华优秀传统文化，坚定文化自信，坚持把立德树人作为中心环节，通过进一步增强文化自信更好地实现"三全育人"。自2014年开始，北京舞蹈学院推出了民族传统乐舞集《沉香》系列。《沉香》系列牢牢地扎根于人民群众，是对中国各民族丰富多样的原生态舞蹈文化的保护与传承，展现了不同民族在漫长的历史进程中所积淀的独特生命体验与精神追求，对于增进当代大学生对民族文化的认知，探索非物质文化遗产传承与思政教育密切结合的育人工作新机制具有重要意义。随着"一带一路"倡议向纵深发展，北京舞蹈学院不断深化《沉香》系列的内涵，将罗马尼亚、塞尔维亚等"一带一路"沿线国家的舞蹈纳入其中，充分发挥专业特色，以实际行动践行人类命运共同体的构建。

（二）地域文化特色

在传统家训融入大学生日常思想政治教育的过程中，高校要充分发挥地域文化特色，敏锐发现地域文化中的欠缺和需要，用自身具备的资源优势予以弥合。高校还应充分结合学科发展成就，努力打造全方位、立体化、更具活力的地域文化精品。如此一来，地域文化与特色学科之间就实现了优势互补、良性互动，一方面可以利用地域文化资源打造和发展特色学科；另一方面还可以通过学科建设有效地优化地域文化的传承和转化，促进不同地域文化之间的交流、融合和发展。内蒙古大学利用地处祖国北疆的地理特色和民族文化特色，建立起独特的文化育人品牌。

我国是一个统一的多民族国家，56个民族共同构成了中华民族共同体。在长期的历史进程中，56个民族共同创造了光辉灿烂、博大精深的中华文明。在祖国北疆，以蒙古族传统文化艺术为代表，以崇尚自然、诚实守信、爱国奋斗为核心特征的草原文明是中华文明的重要源流，蕴含着丰富的文化育人资源。"印象·草原"北疆优秀民族文化校园传习季主题活动是由内蒙古大学党委组织实施，全校各族学生共同参与，广泛辐射社会公众，以传习体验北疆优秀民族文化为主题的文化育人项目。该项目通过"校园文化那达慕"系列、"传统艺术展演"系列、"非物质文化遗产手工艺传习"系列、"蒙古文原创文艺作品创作"系列四个板块的主题活动，充分发挥各族学生投身校园文化建设的主体作用，通过挖掘、整理、继承与弘扬以蒙古族非物质文化遗产为主体的北疆草原文化，以弘扬民族团结进步为主题，加深各族学生对多元一体的中华文明的理解，促进多元文化的交流与互动，增强民族团结和爱国主义意识，弘扬社会主义核心价值观，促使广大青年学生争做爱国奋斗的传承者、担当民族复兴大任的时代新人。"印象·草原"北疆优秀民族文化校园传习季主题活动成为自治区北疆高校校园文化品牌、首批全国高校"文明校园"称号的重要支撑。

（三）校园文化特色

校园文化是体现一所学校办学理念、进取精神和历史特色的群体性文化，是在长期的教书育人过程中积淀凝练而成的校园环境、历史传统、校园氛围和育人成就等物质、非物质因素的总和。在传统家训融入大学生日常思想政治教育的过程中，应充分利用校园文化中所蕴含的育人资源、育人成果与学校品位。校训是学校师生共同遵守的基本行为准则与道德规范，既是一所学校教风、学风、校风的集中体现，也是这所学校文化追求和精神风貌的集中体现。培育传统家训融入大学生日常思想政治教育的特色，就可以充分发掘和利用校训的资源。加之很多校训都是源于中国传统文化，而家训本来就是传统文化的重要组成部分，与校训代表的校园文化相结合，就显得自然而然、顺理成章了。北京师范大学"学为人师，行为世范"，体现了师道传承、矢志教化的责任担当；山东大学"学无止境，气有浩然"，显示了对文化知识和人生品格的崇高追求；中国海洋大学"海纳百川，取则行远"，彰显了海洋特色和科学精神；九江职业技术学院"德行大道，技承天工"，诠释了高职院校的办学理念和重要使命。这些都是培育特色的重要资源。南华大学利用其前身中南工学院和核工业第六研究所隶于原核工部的历史渊源,培育了独具特色的"核"文化品牌。

南华大学为我国核工业的建设发展作出了突出贡献,在60年来的教学、科研和生产实践中,积累了大量记载着我国核工业发展和奋斗历程的文献资料,形成了自己独特的科研、军工文化精神。广大师生和科研人员在长期的教学、科研和生产实践中形成了"坚忍不拔、矢志不渝、勤勉务实、甘于奉献"的深厚核文化精神,代表了核工业行业文化的精髓。同时,学校人文景观蕴含丰富的核文化,学校建有原国务院副总理、国防科工委主任张爱萍将军铜像,"两弹一星"元勋王淦昌的铜像,具有自主知识产权的核电模型展室、校史陈列室、军工楼、核科技楼、国防生楼等人文景观。学校校史馆、军工大楼、核科技楼,这些镶有"两弹一星"标志的校园建筑,时刻在向人们传达着核文化的深刻内涵。2002年,南华大学在全国率先成立大学生"两弹一星"精神研究会,积极将"两弹一星"精神融入各类校园文化和主题教育活动,注重通过各种形式、多种途径的教育手段引导广大学生传承和弘扬以"事业高于一切、责任重于一切、严细融入一切、进取成就一切"的核工业精神和"热爱祖国、无私奉献,自力更生、艰苦奋斗,大力协同,勇于登攀"的"两弹一星"精神,着力打造以核工业精神和"两弹一星"精神为核心内容的"核"特色文化品牌活动,充分发挥品牌活动的导向激励作用和育人功能,推进核文化融入大学生思想政治教育的全过程。在此过程中,逐渐搭建了立体的载体平台,构建了系统的体制机制,形成了特色品牌项目,得到了社会各界的高度评价和广泛认同。

（四）家训作者特色

根据家训作者身份的不同，传统家训可分为圣人家训、帝王家训、仕宦家训、庶族家训、商贾家训等。在传统家训融入大学生日常思想政治教育的过程中，应充分利用家训作者的不同身份，发挥其启人心智、慧人心灵的作用。

在汉语语境中，圣人一般指德行完备、智慧高超的人。历数中国古代众多先贤，能够被称得上圣人的人，可谓少之又少。圣人不仅要自身品格过硬，更要经受住时间和历史的考验。唯其如此，才能成为受到万众敬仰、才高行洁的圣人。圣人既是在德行、学识等方面完美无瑕的存在，也是值得后世的人们一生追随与学习的楷模。然而，圣人也有其自身的忧虑和期待：一方面，他享誉天下、弟子众多、拥趸万千；另一方面，他的一举一动皆会受到周围人的关注和监督，如果不能时刻严格要求自己并管束家人，那又何以延续自己的才学以及实现自身的理想和抱负呢？有鉴于此，在教育子孙方面，圣人自有其独特的教育思想和教育方法。圣人家训便在此过程中应运而生。圣人家训不同于中国古代以整个家族为训诫对象而专门编撰的家训，其多数是于小事中见真知，于细微处见大意。通过圣人自身的言行及其对子弟的训诫，以小见大，隐晦地表达出圣人对于子孙后代的期望和教导之见。

在中国古代历史上，帝王统摄天下、富有四海，是一个国家地位最高、最有权力、最富有的人。然而在其显赫身份的背后，也充满了平常人难以想象的压力和忧愁。古往今来，多少帝王因为残暴昏聩而失去了祖宗基业，甚至成为乱军之中的刀下亡魂。他们深知，唯有教育好皇族子孙，方可在一定程度上避免灾祸，延续家族统治，以保国家安泰。因此，不论是在乱世之中，还是在繁华盛世，多数帝王都不曾放弃对其皇室子孙的教导。帝王教子的过程，实际上也是帝王灌输其施政理念和人生之道的过程，帝王家训自然也包含帝王家族对于人生、处世、治国等方面的思考和感悟。

仕宦阶层作为中国古代社会地位较高的阶层，其家训不仅注重子女的修身养德，而且强调子女要有远大的抱负和志向，旨在培养子女爱国、忠君、为善、爱家等良好品德。他们一方面教育子女要凭借自身的才学和能力成为于国于家有用之人；另一方面也将家族的命运同子女的人生理想紧密结合在一起，使家族与个人互为依靠，形成"今时我为家族骄傲、他日家族以我为荣"的教育传承模式。这种将个人、家族与国家紧密结合的教育方式，为历朝历代培养了大量的优秀人才。作为中国古代家训中的华彩乐章，仕宦家训为后人展示了中国古代知识分子教育子女的思想精髓和方式方法，同时也包含了仕宦阶层以公廉之心为国为民的胸襟和气度，寄托着其当官为政的决心和理想。

中国古代社会历来重视耕读传家、诗书继世。相较于统治阶层，这群以名士先贤为榜样，性情恬淡、不愿取仕的庶族人，在治家教子时也凸显出其清静、自信、率真的生活态度和贴近日常生活实际的特点。他们的家训敢于打破祖先的传统，从实用、近人情的角度教育子孙修身立世，从而达到正风美俗、以德齐家的教育目的。因此，庶族家训并不拘泥于圣人先哲的名言和经历，而是格外注重对个人品德的教育和培养。庶族家训中坚强不屈、乐观向上的人生态度和重德修身、勤俭治家等家训理念仍值得今人学习和借鉴。

商人虽然逐利，但他们也有自己的国家，心中也不乏衡量利益的标准。因此，在教育子女、培养后备商业人才、待人接物等方面，商人自有心中的一套教育理念。所谓商贾家训，便是商人在逐利的商

171

业活动中，教育子女后辈保持心中仁义而不迷失于物欲追逐，践行君子德行而不致成为奸佞之流，坚守国家大义而不背叛自我的商人教育典范。这既是中国古代商人处世的经验总结，更是他们为后世留下的宝贵财富。

天津渤海职业技术学院利用鲁班的"大国工匠"身份特色，成功开创了育人新路径。从 2015 年开始，学院以鲁班形象为依托，大力弘扬工匠精神，创立了我国第一个"鲁班工坊"。2016 年 3 月，学院在泰国正式建立了"鲁班工坊"，这是我国在海外设立的第一家职业教育领域的"孔子学院"。学院依托"鲁班工坊"平台载体，充分利用天津首个鲁班工坊旗舰项目——渤海"鲁班工坊"学生综合素质提升工程，助力天津市高校"一校一品"思想政治工作品牌建设，紧紧围绕"礼敬新时代传统文化 厚植新青年爱国情怀"主题，把特色的思想政治工作融入"鲁班工坊"学生综合素质提升工程中，注重中华优秀传统文化传承和发展，实现鲁班新工坊·文化技能新传承。

中国教师博物馆位于"万世师表"孔子的故里曲阜，坐落于曲阜师范大学。博物馆定位于"民族文化记忆、教育历史遗产、教师精神家园"，长期展出"教师鼻祖""教师风物""教师典范"三大基本陈列和常设展览，具有传统文化底蕴、教师文化馆藏、师德教育功能三方面特色。曲阜师范大学依托中国教师博物馆，传承和弘扬尊师重教文化，成为传统文化传承发展的文化地标和教师文化交流的窗口。

第四节　增进交流，实现优势互补和协同发展

一、增进交流是中华优秀传统家训融入大学生日常思想政治教育的重要保障

互通有无，取长补短，共同提高，这是我们推进中华优秀传统家训融入大学生日常思政教育的重要准则。近年来，高校在中华优秀传统文化的传承、弘扬、教育、发展等方面做了大量的工作，取得了显著的成效，在融入课堂教学、学科专业、校园文化、社会实践、校园推广、国际交流等方面积累了许多宝贵的经验。这些案例中，将传统家训专门列出的虽然不多，但都属于传统文化的范畴，因而总体运行机制是相通的。应积极借鉴兄弟院校在传统文化融入思政工作中的成功经验，发展和完善相关工作机制，包括组织领导、条件保障、总体规划、推进过程、评价督导、总结反馈、师资建设等方面，不断提升我们的工作水平。

校际交流是指不同学校之间开展的学术、文化和教育等方面的交流活动。这种交流可以促进学校之间的合作，加强学术研究的合作与共享，提高教育质量和学术水平。校际交流的背景可以追溯到20世纪，当时随着世界各国经济和社会的快速发展，对于人才的需求也日益增长。为了适应这一需求，各国纷纷加强了教育事业的发展，同时也开始关注学校之间的交流与合作。

当前，校际交流已成为推动教育事业发展的重要途径。第一，通过校际交流，学校可以分享彼此的教育理念、教学方法和管理经验，促进教育资源的优化配置和学术水平的提高。不同学校的思想政治教育方法、风格和侧重点有所不同，通过交流可以取长补短，不断完善自己的教育体系。第二，校际交流可以促进学术研究的合作与共

享。不同学校可以共同开展研究项目，分享研究成果和学术资源，提高学术水平和影响力。同时，校际交流，可以拓展自己的研究领域和思路，发现新的研究机会和方向。第三，校际交流可以帮助学生培养国际视野。通过与不同国家的同学交流学习，学生可以了解不同文化背景下的价值观和生活方式，拓宽自己的视野和思路。同时，这种交流也可以提高学生的语言能力和跨文化交际能力。第四，校际交流可以促进教育资源的共享。不同学校的教育资源各有优劣，通过校际交流可以互补有无，提高资源的利用效率和效益。例如，一些学校可以利用先进的教学设备、实验室和图书馆等资源，为其他学校提供支持和帮助。

为了确保校际交流的顺利进行，需要建立健全的交流机制。学校之间可以建立长期稳定的合作关系，制订合作计划和协议，明确责任和义务。同时，也可以设立专门的交流机构或委员会，负责协调和管理校际交流活动。校际交流应该注重多元化发展。不同类型、不同层次的学校之间都可以开展交流与合作。此外，除了学术、科研方面的交流外，还可以拓展到文化、艺术、体育等领域。这样可以促进不同领域之间的交叉融合，拓展学生的综合素质和能力。为了提高校际交流的效果和质量，需要加强师资培训和支持。教师应该具备国际视野和跨文化交际能力，了解不同文化背景下的教育体系和学生特点。同时，学校应该为教师提供支持和帮助，例如提供培训机会、资助科研项目等。

二、多渠道开展交流互鉴

目前，专门以传统家训融入大学生思政教育为主题的交流会、研讨会、座谈会等尚且不多，但关于家训传承与发展的类似活动数量不少，我们也可以从中借鉴。

2020年12月，巴蜀家风家训学术研讨会在四川省宜宾市南溪区举行，来自四川省社科院、西南民族大学、西南大学、四川省农业农村厅、四川轻化工大学、西南医科大学的十多位专家学者教授汇聚一堂，共话巴蜀家风家训，为巴蜀家风文化传承及乡村文化振兴建言献策。现场还举行了四川省社会科学院四川历史研究院科研教学基地巴蜀家风研究中心揭牌仪式。巴蜀家风传承示范基地建成以来，充分发挥巴蜀家风传承示范基地、首批省级廉洁文化基地的示范带动作用，宜宾当地常态化开展廉洁文化教学、观光旅游、学术研讨、文化创作等活动，将严肃硬朗的廉洁教育以春风化雨的方式进行展示，成为辐射川南的党员廉政文化实训平台、中小学生家风教育实践平台和家庭家风互动式体验平台，真正使家风文化和廉洁教育融入日常。同时，在发挥基地廉洁教育功能的基础上，聚焦乡村发展、家风研究，不断开发教育读本、家谱文创、青少年实训、乡贤培训等文创产业，使基地不断延伸其生命力和影响力，成为一个聚合产业、发展地方、助力基层治理的平台。

2024年1月，全国冼夫人文化研讨会在广东省茂名市举行。本次研讨会由市社会科学界联合会主办，广东石油化工学院文法学院、广东省冼夫人文化研究基地、广东省非物质文化遗产研究基地、广东冼夫人与非遗文化社科普及基地承办。来自暨南大学、上海大学、中国社会科学院大学、海南师范大学等国内50名专家学者齐聚茂名，聚焦非遗视角下的冼夫人文化、冼夫人文化与构筑中华民族共同体、冼夫人家训现当代意义等多个议题进行深入探讨，为传承和保护冼夫人文化，打造冼夫人文化品牌的路径和保护出谋划策，进一步推动非物质文化遗产保护和利用。

学科专业相近的高校，有相近的课程门类和育人体系，它们之间的交流往往存在更多的共同语言，更容易碰撞出智慧的火花。首届电子信息特色高校发展大会的胜利召开就是一个很好的例子。2023年7月，围绕"聚焦国家战略，加强电子信息拔尖创新人才自主培养"主题，首届电子信息特色高校发展大会在北京召开。会上，北京邮电大学、南京邮电大学、重庆邮电大学、西安邮电大学、电子科技大学、西安电子科技大学、杭州电子科技大学、桂林电子科技大学等8所高校围绕拔尖创新人才自主培养、卓越工程师培养、有组织科研探索与实践、思想政治教育守正创新等主题举办系列论坛，共同发布了"首届电子信息特色高校发展大会北京宣言"。北京宣言主要包括四个主题：自信自立，勇担强国建设重任；聚智聚力，服务国家战略所需；共建共享，打造人才培养样板；互联互通，共谋改革创新之策。宣言表示，为答好"强国建设、教育何为，教育强国、高校何为"这一时代课题，8所电子信息特色高校将加强合作，共同探索发展科技第一生产力、培养人才第一资源、增强创新第一动力的体制机制和教育评价改革的有效实施路径，共建一流电子信息特色大学群体，全面提高人才自主培养质量，扎实走好人才自主培养之路。

同样，不同高校的相同或相近的部门，也可以联动各校特色优势，博采众长，激发活力。2023年11月，由中国教育在线与深圳大学联合举办的"聚焦高质量，数智向未来 – 2023年全国高校招生就业工作交流大会"在深圳成功举办。来自各省市教育招生主管部门领导、国内600余所高校的招生、就业负责人，以及教育界专家学者等1200余名嘉宾参加本次大会。大会以"聚焦高质量，数智向未来"为主题，设置招生与就业两个主题会场，与会嘉宾围绕数字化、智能化背景下高校招生、就业工作智慧转型，深入探讨智慧教育、人才选拔、就业创业等议题，交流经验、分享成果，为我国高等教育高质量发展建言献策，为实现各高校沟通交流、互学互鉴搭建了交流思想、分享经验、共同发展的平台，为推动新时代高等教育高质量发展作出了积极贡献。

2023 年 12 月，山东科技大学、中国石油大学（华东）、山东师范大学、山东理工大学、山东财经大学、青岛大学、青岛理工大学、青岛农业大学 8 所高校研究生会进行了有益的交流合作。在工作经验交流环节，8 所高校研究生会代表分别介绍了本校研究生会的基本构成情况、日常运作机制和特色活动举办，就各校研究生会工作经验进行了详细的分享。相关汇报加深了各校研究生骨干对兄弟高校研究生会建设的了解，为大家提供了诸多宝贵的经验借鉴。

通过工作经验共享与活动共建交流，凝聚骨干力量，提升研究生干部的组织能力和创新实践能力，为高校研究生会下一阶段工作提供新的启发，本次交流活动树立了一个良好的典范。

围绕相近或相同专业的人才培养，高校与中国高职院校、教育部门、行业协会、相关企业等也可以开展有益的交流合作。2023 年 12 月，山东省青岛市"VR+"高素质技术技能人才培养联盟成立大会在山东外贸职业学院举行，来自青岛市教育局、青岛市动漫创意产业协会、青岛市中高职院校、青岛市虚拟现实相关企业代表 50 余人参加了大会。青岛市"VR+"高素质技术技能人才培养联盟由山东外贸职业学院牵头，联合中高职院校 12 家、虚拟现实相关企业 28 家共同成立，联盟将带动全市虚拟现实相关专业的建设，为青岛市虚拟现实产业的发展提供坚实的人才支撑。

第五节 打造品牌，发挥辐射带动作用

一、打造品牌是中华优秀传统家训融入大学生日常思想政治教育的实践指向

当前，大学生思想政治教育仍然存在"挂标语、摆展板、拍照片、写新闻"等形式化活动。它不是在真心实意地解决问题，而是敷衍了事地应付工作，是在欺骗上级，迷惑公众，无视学生。这在本质上是形式主义，是高校中的政绩工程、面子工程、形象工程，有百害而无一利，是要坚决摒弃的。如何才能真正提高思政教育的工作实效性和公众认可度呢？首先，思想上要高度重视，切实教育学生、服务学生、培养学生，解决学生遇到的各种困惑和问题。其次，工作中切实树立质量意识和品牌意识，不重数量重质量，不重形式重实效。最后，在学校领导的大力支持下，要集中学生工作处、各院系、马克思主义学院等一切思想政治教育资源，充分利用校外资源，全力建设一批有实效、有特色、可推广的思想政治教育品牌，以品牌引领思政建设，带动广大学生。

品牌是一所大学办学的特色，是实力的体现。品牌就是表率和示范，是我们前进路上高高飘扬的红旗，我们既要向着红旗指引的方向前进，也要自己争当红旗手。因此，能否形成品牌是检验传统家训融入大学生日常思想政治教育是否具有成效的重要标志。大学生日常思想政治教育品牌，是高校面向全部或部分学生群体，根据自己的办学特色和学科优势，结合学生专业特色或个性特点，因地制宜，整合创新，培育创建大学生思想政治教育工作体系，进而在更大范围示范和推广，最终形成具有知名度和影响力的育人模式。培育中华优秀传统家训融入大学生日常思政教育的工作品牌，实现大

学生思想政治教育工作由规模向品质、由粗放向精细转变，是新形势下顺应时代潮流，体现时代特点的创新性方式，能够进一步扩大大学生思想政治教育工作的影响力，提高大学生思想政治教育工作的有效性，增强大学生思想政治教育工作的科学化。

在中华优秀传统家训融入大学生日常思政教育品牌培育过程中，高校应严格遵循思想政治教育规律和品牌成长规律，密切结合目标对象，认真规划品牌项目，加强组织领导，加大资源投入，开展立体化全方位品牌宣传，逐步建立"校级品牌带动院级品牌、院级品牌促进校级品牌"的良性机制，进而形成"品牌出名牌，名牌带品牌"的良好态势。

二、打造品牌：系统规划，扎实推进

在打造传统家训融入大学生日常思想政治教育品牌过程中，要以社会主义核心价值观为引领，以弘扬传统文化、贴近时代发展为原则，以为党育人、为国育才为目标，以学生德智体美劳综合素质的提升为依归，遵循明确品牌定位 — 制定品牌规划 — 实施品牌创建 — 塑造品牌文化 — 推广品牌价值的实践路径，做到打造一个品牌，形成一个名牌。

（一）明确品牌定位

品牌意味着独具特色，与众不同，辨识度高，影响力强，意味着定位准确，优势显著。因此，明确品牌定位是思想政治教育品牌培育的首要前提。传统家训融入大学生日常思想政治教育的品牌定位，应以育人为导向，以学生为对象，以项目为支撑。品牌定位应当充分考虑品牌目标、品牌内涵、品牌受众、品牌项目四个基本要素，并且可以在此基础上进行品牌标识的设计。品牌目标要发挥已有的育人优势，结合教师、学生和工作体制机制的实际情况。品牌内涵需要深入浅出、准确形象地阐释，避免产生歧义或界定模糊。品牌受众确定是全部在校学生还是部分，如果是部分的话是初年级、中年级还是高年级，或者是哪些专业范围。品牌项目要根据目标、内涵和受众来确定，要具有可行性，还要具有一定的挑战性。品牌标识可以是文字，也可以是图案，或者文字与图案两者的结合。不管采用哪种方式，品牌标识都应含义准确、特色鲜明、简洁大方，以利于发挥品牌对内的凝聚力和对外的吸引力。

（二）制定品牌规划

品牌定位明确以后，接下来就是品牌规划的制定。制定品牌规划，应当坚持科学性、系统性、可持续性和可操作性的原则，有中长期规划，也要有短期规划。将预定目标与具体举措相结合、组织架构与资源保障相结合、传统文化精华与现代技术手段相结合，总结分析与反馈调整相结合，为中华优秀传统家训融入大学生日常思政教育提供一份整体蓝图。需要注意的是，品牌规划并不是制定好了就一成不变了，它是动态的而非静止的。当思政教育工作者、大学生或者环境发生变化时，规划就应进行相应的调整。

（三）实施品牌创建

实施品牌创建就是在明确定位和制定规划后创建品牌的基本过程，是长期过程，也是关键环节。品牌创建的过程，本质上是一个理论指导下的实践的过程，其主要任务就是推进品牌规划、生成品牌价值、打造品牌形象。在这个过程中，一方面要真正地将中华优秀传统家训的思想运用到实际工作中去，采取实际措施，讲求实际效果，满足大学生的基本需求，夯实品牌培育的实践基础；另一方面要坚持方法创新，工作既要有吸引力，又要有感染力，争取大学生从心底的情感认同，激发品牌发展的潜力，提升品牌发展的活力。品牌创建不是空中楼阁，而应当具体地落实在思政项目上，通过策划实施初心项目、暖心项目、齐心项目，真正使思政品牌有牌有品、有名有实、有口皆碑。

思政品牌与商品品牌性质上完全不同。例如，在品牌创建的动力上，由于企业要生存要运转，要不断地追求利润，因此具有建品牌、创名牌的天然动力，但思政品牌的创建则完全是两码事，往往动力不足。思政品牌的创建，不能照搬经济学里的品牌理论，而是要依据思想政治教育学里的相应理论。实际上，在大学生日常思想政治教育的品牌创建上，实践是往往走在理论前面的，这也从侧面说明了思政品牌理论研究的相对欠缺。当前，不少高校在思政品牌的创建过程中建树颇多，若干粗具规模和知名度的品牌也渐渐为大家熟知。因此，实施品牌创建的同时，也要同时开展思政品牌的总结思考与理论提升，形成理论与实践相互促进、协同发展的态势，确保思政品牌健康、有序、可持续地发展下去。

（四）塑造品牌文化

品牌文化是思政品牌的灵魂，打造品牌实际就是打造一种文化，即通过品牌文化的影响力辐射力展现出这种文化蕴含的价值理念和行为规范，从而使得品牌所表征的高校思政工作能够得到大学生价值上的认同、情感上的共鸣和行动上的支持。品牌文化的塑造不是一蹴而就的，而是需要一个长期积累的过程，在塑造品牌文化的全过程都应注重，不断凝练和加强品牌文化的核心内涵和实践价值。

在中华优秀传统家训融入大学生日常思政教育的过程中，应着重结合传统家训的文化底蕴和文化特色，如家国一体的文化情怀、修身养性的文化境界、孝悌勤俭的文化氛围、和睦乡邻的文化品质、兼济天下的文化追求、舍生取义的文化担当等。在传承家训的过程中弘扬传统文化，在弘扬传统文化的过程中塑造思政品牌文化。

（五）推广品牌价值

首先，推广品牌要从学生入手。思政品牌的成功与否，学生和社会的认可度是一个核心指标。打造品牌，也是一个学生从参与、了解到熟悉、理解，再到得到学生的高度评价，形成良好的教育效果，在高校中乃至社会上形成良好的声誉的过程。这是打造品牌，同时也是营造舆论、推广品牌。其次，推广品牌价值要懂得珍惜。思政品牌从立意到策划，从实施到凝练，直到被广大学生接受，被思政工作者赞许，被社会大众认可，是一个长期的过程，也是一个思政工作者辛苦付出和协作的过程。一个成熟、知名品牌的确立来之不易，因此，要倍加珍惜这一劳动成果，充分发挥思政品牌的独特价值，积极在线上线下各种渠道进行推广和辐射。因此，要最大化地发挥品牌效应，形成辐射带动作用。最后，推广品牌价值的过程，也是一个对现有品牌查漏补缺、不断完善的过程。世界的发展日新月异，形势的变化时不我待，任何事物都不是一成不变的。中华优秀传统家训融入大学生日常思政教育的品牌形成影响力和知名度以后，切不可盲目自大，故步自封，而是要怀着积极、谦虚的态度，"苟日新，日日新，又日新"。

哈尔滨工业大学打造扎根北疆、爱国奋斗的"八百壮士"先进事迹教育品牌，被列为全国教育系统开展"不忘初心牢记使命"主题教育的典型范例。新中国成立之初，来自祖国各地的800多位年轻教师齐聚哈工大，承担了繁重的教学和科研任务。正是这批平均年龄不到 30 岁的年轻人，铭记国家嘱托，不负人民厚望，在东北扎根拼搏，艰苦创业，把毕生的时间和精力都献给了祖国的工业化事业，被誉为哈工大"八百壮士"。哈尔滨工业大学坚持问题导向，精心研究部署，首先深挖哈工大"八百壮士"精神资源，接着组建离退休职工正能量宣讲团，老一辈哈工大"八百壮士"率先垂范讲；进而组建哈工大"八百壮士"精神宣讲团，新时代哈工大"八百壮士"接力传承讲；而后组建刘永坦院士先进事迹报告团、新体制雷达团队现身说法讲。全方位、多角度、立体式开展宣讲活动，唱响了建功立业新时代的哈工大之歌。人民日报、新华社、中央广播电视总台等纷纷推出头版、整版深度报道，其中新华社的两次报道浏览量达"600 万 +"，推出的微信文章在十几分钟内阅读量就突破"10 万 +"，在全社会发挥了高度正能量的辐射带动作用。

新疆农业大学秉承"屯垦戍边办大学、稳疆兴疆育人才"的办学宗旨，组织学生开展一年一度的支农劳动。通过 20 天的支农劳动，大学生们亲眼看到了新疆农村的现状，了解了哪些是大家最关注的，哪些是大家最需要的，哪些是大家最难解决的。大学生们也由农活之累，农民之辛苦到对农村发展、农业增效、农民增产以及推进现代化农业发展有了更多的认识和思考。通过支农劳动，让广大学生树立了刻苦学习科学文化知识，将来为社会服务，为农民服务的志向，更加牢固地树立了大学生学农、爱农、为农，奉献于农的思想意识，为广大学生开设了一堂生动鲜活的面向农业、走进农村就业的人生规划课。支农劳动作为学校实践育人的重要环节，得到了社会各界的广泛赞誉和家长的理解支持，不仅用实际行动支援了新疆的农业经济建设和新农村建设，还奏响了农大师生"胸怀祖国、服务人民、扎根基层、艰苦创业"的青春凯歌。支农劳动不仅使大学生收获了体魄、收获了意志，还收获了文化、收获了理念，提高了综合素质，给广大学生留下了一段激情燃烧的岁月、终生难忘的历练和不可多得的精神财富。中国教育报、光明日报等多家媒体，连续多次对新疆农业大学支农劳动进行跟踪报道，在全社会树立了农业院校的良好形象。该校也将师生多年来在支农劳动中创作的大量诗歌、散文、日记、论文和心得体会等编辑出版了《收获》《走进农村》《历练归来》三本书，记录了 19 年支农的历史印记，极大地丰富了校园文化的底蕴和内涵。可见，新疆农业大学用真情与实干培育了大学生支农的思政品牌，成功奏响了一支大学生支农的劳动赞歌。

参考文献

一、经典著作

[1] 马克思 . 马克思恩格斯选集（第 1—4 卷）[M]. 人民出版社，
1995.

[2] 马克思 . 马克思恩格斯文集（第 1—10 卷）[M]. 人民出版社，
2009.

[3] 毛泽东 . 毛泽东选集（第 1—4 卷）[M]. 人民出版社，1991.

[4] 邓小平 . 邓小平文选（第 1—3 卷）[M]. 人民出版社，1994.

[5] 江泽民 . 江泽民文选（第 1—3 卷）[M]. 人民出版社，2006.

[6] 胡锦涛 . 胡锦涛文选（第 1—3 卷）[M]. 人民出版社，2016.

[7] 习近平 . 习近平谈治国理政（第一卷）[M]. 外文出版社，2014.

[8] 习近平 . 习近平谈治国理政（第二卷）[M]. 外文出版社，2017.

[9] 习近平 . 习近平谈治国理政（第三卷）[M]. 外文出版社，2020.

[10] 习近平 . 习近平谈治国理政（第四卷）[M]. 外文出版社 2022.

二、重要讲话

[1] 习近平 . 把培育和弘扬社会主义核心价值观作为凝魂聚气强
基固本的基础工程 [N]. 人民日报，2014-2-26(1).

[2] 习近平 . 青年要自觉践行社会主义核心价值观——在北京大
学师生座谈会上的讲话 [N]. 人民日报，2014-5-5(2).

[3] 习近平 . 在 2015 年春节团拜会上的讲话 [N]. 人民日

报,2015-2-18(2).

[4]习近平.在哲学社会科学工作座谈会上的讲话[N].人民日报,2016-5-19(2).

[5]习近平.把思想政治工作贯穿教育教学全过程开创我国高等教育事业发展新局面[N].人民日报,2016-12-9(1).

[6]习近平.在会见第一届全国文明家庭代表时的讲话[N].人民日报,2016-12-16(2).

[7]习近平.在纪念马克思诞辰200周年大会上的讲话[N].人民日报,2018-5-5(2).

[8]习近平.用新时代中国特色社会主义思想铸魂育人贯彻党的教育方针落实立德树人根本任务[N].人民日报,2019-3-19(1).

[9]习近平.在文化传承发展座谈会上的讲话[N].求是,2023(17).

三、中央文件

[1]《关于进一步加强和改进大学生思想政治教育的意见,中共中央、国务院2004年10月14日印发。

[2]《关于加强和改进新形势下高校思想政治工作的意见,中共中央、国务院2017年2月27日印发。

[3]《新时代公民道德建设实施纲要,中共中央、国务院2019年10月27日印发。

[4]《关于新时代加强和改进思想政治工作的意见,中共中央、国务院2021年7月12日印发。

[5]《中共中央关于党的百年奋斗重大成就和历史经验的决议,2021 年 11 月 11 日中国共产党第十九届中央委员会第六次全体会议通过。

[6]《完善中华优秀传统文化教育指导纲要,教育部 2014 年 3 月 26 日印发。

[7]《关于实施中华优秀传统文化传承发展工程的意见,中共中央办公厅、国务院办公厅 2017 年 1 月 25 日印发。

[8]《高校思想政治工作质量提升工程实施纲要,中共教育部党组 2017 年 12 月 4 日印发。

[9]《关于加快构建高校思想政治工作体系的意见,教育部、中共中央组织部、中共中央宣传部、中共中央政法委员会、中央网络安全和信息化委员会办公室、财政部、人力资源社会保障部、共青团中央 2020 年 4 月 22 日联合发布。

[10]《关于进一步加强家庭家教家风建设的实施意见.,中共中央宣传部、中央文明办、中共中央纪委机关、中共中央组织部、国家监察委员会、教育部、全国妇联 2021 年 6 月 30 日联合印发。

四、国内著作

[1] 中共中央文献研究室编.习近平关于注重家庭家教家风建设论述摘编[M].中央文献出版社,2021.

[2] 习近平.高举中国特色社会主义伟大旗帜为全面建设社会主义现代化国家而团结奋斗——在中国共产党第二十次全国代

表大会上的报告 [M].人民出版社,2022。

[3]王夫之.王船山诗文集 [M].中华书局,1962.

[4]魏源.默觚 [M].辽宁人民出版社,1994.

[5]曾国藩.曾国藩全集 [M].岳麓书社,1985.

[6]林则徐.林则徐书简 [M].福建人民出版社,1985.

[7]曾枣庄、刘琳.全宋文——卷四八一 [M].巴蜀书社,1988.

[8]《尚书 [M].中华书局,2009.

[9]孔子.孝经 [M].上海古籍出版社,2014.

[10]朱熹.四书章句集注 [M].中华书局,2014.

[11]司马迁.史记·太史公自序 [M].中华书局,2014.

[12]荀子.《荀子.,中华书局,2016.

[13]左宗棠.左宗棠全集(十三)[M].岳麓书社,2017.

[14]《易经.,吉林文史出版社,2017.

[15]颜之推.颜氏家训 [M].中华书局,2022.

[16]毛泽东.毛泽东早期文稿 [M].湖南出版社,1990.

[17]徐少锦等.中国历代家训大全 [M].中国广播电视出版
社,1993.

[18]马镛.中国家庭教育史 [M].湖南教育出版社,1997.

[19]喻岳衡.历代名人家训 [M].岳麓书社,2002.

[20]周振甫.诗经译注 [M].中华书局,2002.

[21]郑自修.郑氏族系大典 [M].中州古籍出版社,2004.

[22]朱明勋.中国家训史论稿 [M].巴蜀书社,版2008.

[23] 徐少锦、陈延斌. 中国家训史 [M]. 人民出版社,2011.

[24] 朱维铮. 尚书大传 [M]. 上海书店出版社,2012.

[25] 阎爱民. 中国古代的家教 [M]. 商务印书馆,2013.

[26] 中国地方志指导小组办公室. 中华家训精编 100 则 [M]. 方志出版社,2015.

[27] 中央纪委监察部网络中心. 中国家规 .[M]. 中国方正出版社,2017.

[28] 楼含松. 中国历代家训集成 [M]. 浙江古籍出版社,2017.

[29] 韩昇. 良训传家 [M]. 生活·读书·新知三联书店,2018.

[30] 陈万柏、张耀灿. 思想政治教育学原理 [M]. 高等教育出版社,2018.

[31] 沈壮海等. 中国大学生思想政治教育发展报告 2020[M]. 北京师范大学出版社,2022.

[32] 沈壮海、刘晓亮、司文超. 中国大学生思想政治教育发展报告 2021[M]. 高等教育出版社,2023.

[33] 沈壮海、刘晓亮、司文超. 中国大学生思想政治教育发展报告 2022[M]. 高等教育出版社,2023.

[34] 陈延斌. 中国传统家训文献辑刊 [M]. 国家图书馆出版社,2018.

[35] 杨威、罗夏君. 中华优秀家训精粹 [M]. 教育科学出版社,2020.

[36] 石孝义. 中华历代家训集成 [M]. 河海大学出版社,2021.

[37] 靳义亭. 传统文化融入高校思想政治教育研究 [M]. 中国社会

科学出版社,2016.

[38] 刘立新,张聪,潘虹.中华优秀传统文化融入高校思想政治教育研究 [M].九州出版社,2020.

[39] 刘艳芳.中华优秀传统文化融入高校思想政治教育研究 [M].苏州大学出版社,2021.

[40] 朱冬梅.新时代背景下传统家训文化融入高校思想政治教育研究 [M].人民出版社,2023.

[41] 教育部思想政治工作司,全国高校博物馆育人联盟.文化根民族魂中国梦 [M].上海交通大学出版社,2015.

[42] 教育部思想政治工作司,全国高校博物馆育人联盟.阅读传统经典品味书香生活 [M].上海交通大学出版社,2016.

[43] 全国高校博物馆育人联盟.爱国情强国志报国行 [M].上海交通大学出版社,2017.

[44] 教育部思想政治工作司、全国高校博物馆育人联盟.传承发展自信担当 [M].上海交通大学出版社,2018.

[45] 教育部思想政治工作司、全国高校博物馆育人联盟.爱国心 奉献情 奋斗行 [M].上海交通大学出版社,2021.

五、国外著作

[1][美]塞缪尔·亨廷顿.文明的冲突与世界秩序的重建 [M].新华出版社,2010.

[2]马丁·雅克.大国雄心 ——一个永不褪色的大国梦 [M].中信出版社,2016.

六、期刊论文

[1] 刘柱彬. 略论中国古代家族文化的特质 [J]. 法学评
论 ,1999(1).

[2] 宋祥勇. 清末民初大店庄氏家族转型初探. 山东教育学院学
报 ,2007(6).

[3] 夏江敬 , 汪勤. 浅析优良家风家训中思想政治教育的意蕴 [J].
理论月刊 ,2017(11).

[4] 郭长华. 传统家训的教化特色初论 [J]. 教育理论与实
践 ,2010(12).

[5] 宋祥勇. 明清大店庄氏家族文化述略 , 山东省农业管理干部学
院学报 2011(3).

[6] 朱明勋. 中国传统家训思想的两重性分析 [J]. 前沿 ,2011(10).

[7] 宋祥勇. 论明清时期莒州大店庄氏科宦家族的形成 [J]. 孔庙
国子监论丛 ,2015-12.

[8] 苏会君. 论传统家训文化融入当代大学生思想政治教育 [J].
湖北经济学院学报 (人文社会科学版),2019(1).

[9] 恽桃. 新时代传统家训融入高校思想政治教育路径研究 [J].
改革与开放 ,2019(7).

[10] 杨威 , 赵婵娟. 传统家训文化与高校思想政治教育融合探析
[J]. 思想政治教育研究 ,2020(3).

[11] 章剑锋 , 易文意. 传统家训融入大学生思想政治教育的
动因、内容与对策 [J]. 浙江师范大学学报 (社会科学

版),2020(5).

[12]张志明.优秀传统家训文化融入高校思想政治教育的价值
[J].当代教育实践与教学研究,2020(13).

[13]陈姝瑾,陈延斌.中国传统家训教化理念、特色及其时代价值
值[J].中州学刊,2021(2).

[14]杜小琴,谢守成.试析传统家训在高校思想政治教育中的运
用[J].学校党建与思想教育,2021(21).

[15]王凌皓,姬天雨.中国传统家训文化的基本特质及现代价值
探析[J].社会科学战线,2022(1).

[16]宋祥勇.中华优秀传统家庭教育融入大学生思想政治教育的
价值向度与实现路径[J].中关村,2023(8).

[17]宋祥勇.中华优秀传统家训赋能大学生精准思政:由来、要
旨与准则[J].中关村,2023(9).

七、学位论文

[1]宋祥勇.明末至民初山东科宦家族的发展与转型[D].山东师
范大学,2008.

[2]邓桃.传统家训中优秀德育思想对高校思想政治教育的价值
研究[D].遵义医科大学,2019.

[3]石青青.优秀家训文化对大学生思想政治教育的价值及其实
现研究[D].河北师范大学,2019.

[4]王力宁.中国传统家训的思想政治教育借鉴研究[D].东北林
业大学,2019.

[5] 恽桃.优良家训文化融入高校思想政治教育的现状及创新路径研究[D].江苏大学,2021.

[6] 庞云晨.优秀家风家训融入高校思想政治教育研究[D].西安理工大学,2021.

[7] 高泽华.传统家训的思想政治教育价值研究[D].河北大学,2022.

[8] 马媛媛.中华优秀传统家训文化融入大学生思想政治教育研究[D].宁夏大学,2022.

[9] 吐马里斯·艾尼瓦.家训家风在大学生思想政治教育中的运用研究[D].新疆师范大学,2022.

后　记

本书是作者主持的 2021 年度青岛市社会科学规划研究项目"中华优秀传统家训融入大学生日常思想政治教育研究"（项目批准号：QDSKL2101318）的研究成果。

中华优秀传统家训融入大学生日常思想政治教育是一项系统工程，使命光荣，任务艰巨，本书是朝着这个方向努力做出的一次尝试。本书在撰写的过程中参考了大量的相关文献，在此向各界同人谨致谢忱。由于传统家训的历史久远，资料浩繁，在有限的时间内难以进行有效的爬梳钩沉。加之我们的研究能力和理论水平有限，书中难免存在纰漏和不妥之处，一些观点有待进一步推敲和论证，相关材料有待进一步丰富和充实。诸多不足之处，恳请广大专家学者批评指正。

作者
2024年3月